시에세이 024

배홍배 산문집

내 마음의 하모니카

시인이 쓴 산문

시에세이 **025**

내 마음의 하모니카

초판 1쇄 발행 | 2023년 09월 11일

지은이 배홍배
펴낸이 문정영
펴낸곳 시산맥사
편집주간 김필영
편집위원 신정민 최연수
등록번호 제300-2013-12호
등록일자 2009년 4월 15일
주소 03131 서울특별시 종로구 율곡로 6길 36. 월드오피스텔 1102호
전화 02-764-8722, 010-8894-8722
전자우편 poemmtss@hanmail.net
시산맥카페 http://cafe.daum.net/poemmtss

ISBN 979-11-6243-398-0 03810

값 20,000원

* 이 책은 교보문고와 연계하여 전자북으로 발간되었습니다.

* 본문 페이지에서 한 연이 첫 번째 행에서 시작될 때에는 〈 표기를 합니다.

* 저자의 의도에 따라 작품의 보조 동사와 합성 명사는 띄어쓰기가 달라질 수 있습니다.

시인이 쓴 산문

내 마음의 하모니카

글 · 사진 **배홍배**

시산맥
THE POEM MOUNTAINS

Nr.892 706
Leica
DBP
ERNST LEITZ
GMBH
WETZLAR
GERMANY

■ 작가의 말

내게 글 쓰는 일과 음악을 듣는 일과 사진을 찍는 일은 무엇인가? 유년기 때부터 나의 눈과 귀엔 청보랏빛 필터가 끼워졌다. 세월이 흐를수록 필터의 색깔은 짙어졌다. 내게 인식되는 대상은 과거로의 일방적인 소통의 힘을 가졌다. 내가 찍는 사진 속에서 대상이 울부짖는 소리와, 내가 듣는 음악이 그리는 가련한 풍경들과 그리고 내가 쓰는 시에서 애정도 없이 무기력한 생명을 얻는 것들은 서로 대립하고 화합히고 때로는 무화되는 시공에서조차도 미래를 향해 각각 쓸쓸한 그림자를 드리운다. 이 그림자 속에서 나의 태양은 떠오르고 태양이 흘리는 뜨거운 빛에도 차가워지는 가여운 영혼을 위해 내가 쓴 어두운 글들과, 내가 찍은 우울한 사진들과 내가 듣는 슬픈 음악을 회개한다.

2023. 8. 14

사랑

추억

문학

음악

일상

사랑

소녀와 클래식

1.

어머니와 함께 자취방에 들러 간단한 옷가지와 책 몇 권만 챙겨 중 3인 동생 혼자 남겨놓고 집으로 향했다.
하루 이틀 후 천천히 집에 갈 것이니 어머니 먼저 집으로 가라 해도 어머니는 한사코 같이 가려 했다.
친구 두 녀석이 이미 가출한 터여서 아들이 불안했던 것이다.
우리 마을을 다니며 쌀장수를 하던 자취방 주인아주머니가 아들의 행실을 낱낱이 고해바쳤고, 담임선생님도 불량 제자를 옹호할 생각이 없었던 것인지 휴학은 그렇게 간단하게 처리되었다.

앞서가는 어머니가 찍는 발자국엔 몇 년은 묵은 슬픔이 고이는 듯 눈물 냄새가 났다. 어깨를 누르는 하늘이 무거워 어머니는 이따금 비틀거리며 뒤를 돌아보았다.
고향을 향해 달리는 버스 안에서 바라보는 나의 하늘은 참으로 푸르고 평화로웠는데, 공부로부터의 해방감에 젖은 것인지, 하늘이 너무 눈부신 것인지 자꾸만 아련해지는 시야 밖으로 길가의 포프라나무들은 미래의 내 병력을 토설하듯 어지럽게 뒷걸음을 쳤다. 할아버지도 아버지도 없는 고향 집의 넓은 마당은, 수 대를 지켜 온 집안의 내력을 견고하게 받쳐주던 우리 집 마당은 한 귀퉁이부터 공허함에 허물어지고 있었고, 할아버지의 아버지가 심었다는 접시꽃 나무는 근심스런 꽃송이를 피워 고개를 숙이고 있었다.
영어책의 뜻 모르는 낯선 문자들로 채워지던 머릿속과 알아들을 수 없는 수학의 기호들로 점령당하던 나의 기억은 새로운 추억을 받아들일 준비가 되어가고 있었다.
아버지가 무서워 손에 잡지 못한 기타로 손가락 끝의 지문이 닳고, 하모니카로 홍난파의 봄처녀를 부는 입술이 까맣게 타들어갈 때 현실의 봄 처녀가 찾아왔다.

이따금 집에 들르는, 말 수가 아예 없어진 아버지는 더 이상 아들의 앞날에 대하여 이야기하지 않았지만 아버지의 눈에서 모든 것을 아들은 읽고 있었다. 아버지가 남긴, 우리 마을과 이웃 마을까지 에서도 가장 큰 소 한 마리는 나의 책임이었다.
힘이 좋은 소는 마을 사람들의 논밭에 나가 삯갈이를 하면서 우리 식구들을 등에 업고 힘겹게 보릿고개를 넘었다.
그 소를 먹이기 위해 나는 매일 커다란 꼴망태 가득 풀을 베어와야 했다.

마을에서 조금 떨어진, 두 시내가 만나는 들판이 나의 일터였다. 벨 풀도 점점 없어져 가고 하루하루의 긴 시간에 지쳐갈 무렵 시냇가 길을 무겁게 걷고 있는데 한 소녀가 눈에 들어왔다.
시골 아이들에게선 볼 수 없는 하얀 피부와 새까만 눈썹의 소녀가 손에 뭘 들고 오고 있었다.
서로 지나치며 그녀의 얼굴을 본 순간 가슴에서 돌담 무너지는 소리가 들렸다.
그녀는 서울에서 학교에 다니다 집안 사정으로 휴학하고 잠시 외갓집에 내려와 있다는 이야기를 들었다.

그날로부터 불량 학생의 한 됫박도 못 되는 마음속엔 우리 집 남은 논 닷 마지기보다 넓은 소녀의 빨간 치마가 펄럭였다.
밥을 먹다가도 문득 그녀가 떠오르면 목구멍이 몸속에서 흘러 다니고 내 한숨으로 범벅된 보리밥 덩이는 쉰내를 풍겼다.
그리고 눈으로 숨을 쉬는 밤들은 환하게 지나갔다.
그녀의 외갓집 논들이 풀을 베는 곳 아래쪽에 있다는 것과 논일을 하는 날엔 그녀가 새참을 나른다는 사실을 어렵게 알아냈다.

거울 속에 비치는 나의 얼굴은 유난히 까맸다.

본래 흰 살결이 아닌 얼굴이 날마다 햇볕 속에 살다 보니 더 까매진 것이다. 화학 선생님에게 들은 옥시풀 속의 산소가 멜라닌 색소를 탈색시키는 작용을 한다는 말이 기억나서 옥시풀을 사다가 매일 바르고 그녀가 지나갈 거라 생각되는 날은 시냇가에 앉아 하모니카를 불었다.

그녀는 오지 않고 하모니카 소리가 점점 슬픈 곡조로 빠지면 앞산의 뻐꾸기가 더 슬프게 울고 뒷산의 벙어리 뻐꾹새도 둠벙지듯 따라 울어 초여름의 산하는 온통 울음 밭이었다.

그러다 멀리서 그녀가 보이기 시작하면 영국 민요 내니 보이를 멋들어지게 뽑았다.

하지만 그녀는 눈길 한 번 주지 않고 지나쳤다.

그 후로 몇 차례 마주쳤지만 그녀는 모른 척했고 하모니카의 레퍼토리는 뽕짝까지 계속 바뀌었다.

건너편 물가에서 해오라기 한 마리가 나를 향해 고개를 길게 뽑고 듣고 있다가, 그녀가 그냥 지나치면 나를 향해 소리 질렀다.

"바보, 바보."

2.

물새도 목쉰 소리를 내 머리 위로 떨어뜨리고 기우뚱 날아갔다. 혼자 풀밭에 누워 해가 중천을 지나도록 하모니카를 불어 대고 입술이 먼저 까맣게 탔다.
소가 뜯고, 사람이 하도 베어가서 드문드문 누워있는 풀들을 일으키며 흙먼지 나도록 박박 땅을 긁었지만 꼴망태는 절반도 채우지 못하고 화풀이 낫질에 애꿎은 손가락만 깊게 베이고 말았다.
지금도 왼손 4번째 손가락에 커다란 상처가 남아있고 그 상처 아래로는 신경이 다쳐 감각이 없다.
만약 감각이 살아있다면 그때의 외로움이 아픔보다 더 아프게 느껴질지도 모른다.

헐렁한 꼴망태를 등에 메고 집에 터덜터덜 들어갔다.
증조할아버지가 심으셨다는 사립문 옆 왕벚나무가, 봄 내내 접시만큼 커다란 꽃송이들을 쉼 없이 피워대고도 열매를 하나 맺지 못한 나무가 나를 위로하듯 가지를 내려 무성한 잎사귀로 나의 뺨을 어루만져주었다.

다음날도 발걸음은 다시 그곳으로 향하고 그녀가 지나가길 나도 모르게 기다리고 있었다.
그리곤 베인 손가락을 바라보다 얄궂은 생각이 문득 떠올라 그녀가 지나가는 길가의 억센 풀을 잡아 묶었다.

이윽고 노란 블라우스에 붉은 치마의 그녀가 멀리서 보였다.
나는 맞은편 냇둑에 몸을 숨기고 기다리고 있었다.
그런데 그녀가 머리에 뭔가를 이고 오는 것이었다.
보통 때 같으면 손에 작은 술 주전자와 조그만 안줏거리 보자기를 손에 들고 걸어오곤 했는데 이번엔 새참을 가지고 무겁게 걸어오고 있었다.

이건 아니다 싶어 묶었던 풀을 풀어야 한다고 생각했지만 이미 그녀는 가까이 오고 있었다.
제발 그녀가 무사히 지나가길 바라면서 냇둑 아래서 두근거리는 가슴을 다독이며 지켜보고 있었다.
나는 눈을 감아버렸다.
그녀의 울음소리가 들려왔다.
새참이 담긴 쟁반과 그릇들은 냇둑 아래로 굴러 널브러지고 그녀는 풀길 위에 주저앉아 울고 있었다.

그 후 소녀는 보이지 않았고 나도 풀 베는 장소를 다른 곳으로 옮겼다. 하지만 날이 갈수록 나의 작은 가슴엔 넓은 들판이 펼쳐지고, 신기루처럼 아른거리는 그녀의 붉은 치마 아래 저녁 해가 속눈썹 길게 내리면 그녀의 흔적을 배회하는 나의 얇은 그림자를 산 그림자가 살포시 덮어주는 날들은 지나갔다.

그렇게 한여름은 지나가고 서늘한 바람이 올벼 논 위로 불어오기 시작할 무렵 나는 또 하나의 사실을 알아냈다.
그녀가 밤이면 이웃집 또래 아이의 집에 놀러 다닌다는 것이었다.
언젠가 그 이웃집 아이가 내게 소설책을 빌려달라고 했던 것이 문득 기억났다.
필요하면 통하는 길이 있는 법이다.
자연스럽게 나는 소설책을 들고 그 마실 방에 드나들게 되었고 한 됫박도 못 되는 내 가슴을 그렇게 뛰게 했던 그녀를 가까이서 보게 되었다.

시간이 가는 줄도 모르고 손목 때리기 화투를 치며 그녀의 손목도 만져보았다.
카자흐스탄 아이처럼 하얀 이국적인 그녀의 커다란 눈 속은 깊고 그윽한 호수였다.
나는 매일 그 호수에 흠뻑 빠지곤 했다. 중학생 때부터 카메라를 만지던 나는 카메라를 빌려 그녀와 몰래 사진을 찍기도 했다.

그러던 어느 날부터 그녀가 보이지 않고 추석이 왔다.
서울 집으로 돌아갔다고 했다,
그날 이후 냇가에 앉아 하모니카를 부는 날들은 다시 지나갔다.
불투명한 기압골에 물먹은 태양은 사람의 어깨 위로 지고 그녀를 잊으려 밤새 기타를 뜯으면 애꿎은 지문 하나가 손가락 밖으로 지워졌다.
어느 날은 마당 가 배나무 위에 올라가 그녀가 떠나간 신작로를 담 너머로 물끄러미 내려다보며 감기에 걸린 아이처럼 맑은 두통을 앓았다.
그때 퀭한 눈 속으로 들어오는 한 아이, 눈을 비비고 다시 봐도 버스에서 내리는 여자애가 보였다. 교복을 입었지만 분명 그녀였다.

솜털 많은 소녀의 귀밑 같은 부드러운 어둠이 나를 쓰다듬던 그날 밤 나는 마을 앞 소나무밭에서 하모니카를 불었다.
동네가 처음 생겼을 때 심었다는 소나무들, 사람의 몸보다 굵은 소나무들의 그림자에 숨어 누군가 소리 없이 내게 오고 있었다.
그녀였다, 심장이 밖에서 뛰고 가슴은 무릎 아래로 흘러내렸다, 그때였다.
"니들 여기서 뭣하냐?"
지나가던 동네 어른이 우릴 보고 꽥 소리를 질렀다
그리고 그녀는 뭔가를 내게 휙 던지고는 황급히 돌아서 뛰어 가버렸다.

그것이 그녀와의 마지막이었다.
내게 던지고 간 것은 서라벌 레코드사에서 나온 슈베르트 겨울나그네 가곡집이었다.
그렇게 나의 클래식 음악 감상은 시작되고 몇 달 후 그녀로부터 편지 한 통을 받는다.
학교에 복학했고, 후에 대학에 들어가면 다시 편지하겠다고 했다.
그리고 나 역시 학교에 복학을 한다.

3.

일 년 후배들과의 불편하고 낯선 시간들이 일요일이면 그녀의 예쁜 모습을 바라보던 그 시냇가에 앉아있는 시간들로 보상받는 날들은 흘러갔다.
담장 가의 늙은 배나무에도 하얀 꽃이 피고, 배나무 위에 올라가 담 너머 멀리 그녀가 버스를 타고 떠나간 신작로를 물끄러미 바라보고 있으면 길은 하얀 강으로 보이고 가슴속에선 물 흐르는 소리가 들렸다.
그러면 눈물 같은 배꽃들은 날리고 나는 종일 횟배가 아팠다.

서울로 돌아간 그녀에게 몇 통의 편지를 썼으나 봄 다 가도록 답장은 없고 앞산과 뒷산에 진달래가 피어나 마음을 온통 태우면 꽃 연기 같은 저녁 어스름이 우리 집의 낮은 굴뚝을 덮었다.
내게 '바보, 바보' 핀잔을 주던 늙은 왜가리는 언제나 그 물가에서 근심에 가득 찼고, 길가의 풀을 묶어 그녀를 넘어뜨리던 날 냇둑에서 서럽게 울던 소녀와 함께 들판을 울음바다로 물들이던 뻐꾸기도 와서 울었다.
새의 울음에 발개진 오후의 햇살이 산기슭으로 흘러내리고 피보다 붉은 뻐꾸기의 울음은 온 산의 철쭉꽃을 붉게 태웠다.

할아버지가 남긴 낡은 진공관 전축에선 그녀가 던지고 간 음반들이 울었다.
뜻 모를 울음이었다.

들판에서 하모니카로 불던 아 목동아 노래는 그녀에겐 눈물의 시작이었는지도 모른다.
소녀가 내게 준 겨울 나그네는 베트남의 하늘로 꽃이 되어 날아간 큰오빠의 유물이었다.
이웃집 아이의 마실 방에서 우리 집의 내력과 오래된 전축에 대하여 듣게 된 소녀는 내게서 오빠의 얼굴을 읽었던 것이다.
밤새 어두운 음악의 깊은 곳으로 걸어 들어간 나는 아침이면 다른 사람이 되어 돌아오곤 했다.
그러면 태양은 거짓 새벽으로 가득한 안개의 지평선 아래 머물러 있었다.

그녀에게 부치지 못한 책 한 권을 펼치면 시간과 방향을 상실한 아픔과 절망, 혼란의 광포한 바람이 일었다.
소월이 동구 밖 정자나무 아래서 산산이 부서진 이름을 부르는 소리였다.
한학을 공부하다 늦은 나이에 학교에 들어간 소월 김정식은 같은 반 박원옥이란 여학생을 사랑한다.
이웃 동네에 살던 원옥은 말이 없었지만 눈빛으로 소월의 사랑을 받아들였고, 어느 날 하굣길에 개여울을 소월의 등에 업혀 건너면서 사랑을 소월에게 확인시켜준다.

원옥의 집이 북간도로 이사 가던 밤 소월과 원옥은 동네 앞 정자나무 아래서 이별을 한다,

그리고 정식은 정표로 붉은 댕기를 머리에 묶어준다.
몇 년이 흘러 정식은 경성으로 진학하고 졸업할 무렵 할아버지의 강요로 결혼을 한다.
아버지가 정신이 온전하지 못했기 때문에 집안 살림을 위한 손자며느리가 필요했던 것이다.

일본 유학을 떠나기 전 잠시 고향 평안도 정주 곽산에 돌아가 있을 때 박원옥이 간도에서 내려온다.
두 사람은 조금은 어색한 만남을 갖는다.
그때 원옥은 비녀를 꽂고 있었다.
소월이 말했다.
"결혼을 했구려, 나도 했소."
그리곤 다음 날 아침 동네에 수군거리는 들렸다.
누군가 정자나무에 목을 맸다는 것이다.
정식은 뛰어갔다.
원옥이었다.
자신이 정표로 준 붉은 댕기로 목을 맨 원옥이었다.

그녀의 빨간 치마와 원옥의 붉은 댕기가 오버랩 되는 석양의 노을을 바라보며 음악을 들었다.
악령의 운명과도 같은 어둠 속으로 붉은 빛이 떨어지기 전에 그녀가 준 음악을 들어야 했다.
어머니가 아이에게, 할머니가 손자에게 들려주는 이야기를 기억

하며 들어야만 했다.

안도의 눈물이 얼굴을 타고 흘렀다.

처음 듣는 음악이지만 아름답고 우울했다.

더 흘러가 버린 어린 시절이 평생 나를 떠나지 않을 기억을 떠올리게 하는 마법 같은 음악의 골짜기에서 덜커덕거리던 날 편지 한 통을 받는다.

편지는 소녀의 한 살 위 언니가 보낸 것이었다.

편지가 도착하는 동안 우리 집 동백나무는 봄내 붉은 꽃을 피우고 각혈하듯 꽃잎은 떨어졌다.

며칠 전 그 일요일 오후 온 산을 제 울음으로 태우던 뻐꾸기는 갔다. 가서는 다시 오지 않고 저녁노을만 붉게 졌다.

새가 떠난 자리를 쳐다봐도, 새삼 쳐다봤어도 하늘로 돌아가는 새의 울음을 듣지 못한 이유와, 새가 떠난 산그늘을, 새의 울음에 그처럼 붉게 그을리던 산그늘을 보지 못한 사연을 썼다. 서러운 노을에 그녀에게 보내는 편지를 세세히 썼다. 아무리 다시 써도 햇빛 속에 버려진 아이의 눈물은 저녁 바람에 산산이 부서지고 있었다.

4.

축복인 듯 햇살은 쏟아져서
생명은 다시 움트고 세상은 환하네
검은 세상은 푸르러지고
산들과 황무지에도 꽃은 피는데
씨앗은 새 생명을 싹틔우고
봄은 왔는데 새로운 때는 왔는데
새로운 세상 속에서
자유가 만발하는 봄은 왔는데
검은 세상은 푸르러지고
산들과 황무지에도 꽃은 피고
씨앗은 새 생명을 틔우고
봄은 왔는데, 새로운 세상은 왔는데
봄은 왔는데 이렇게 모두
봄을 맞는데 내 슬픈 젊음의 봄은 어디?

-「포르투갈 빠두 봄」 전문

그녀가 없는 세상에 봄은 게릴라처럼 몰래 산에서 내려와 내 슬픈 그림자를 끌고 어둠 속으로 사라졌다. 우리 집 마당 가의 허리가 잘린 늙은 벚나무가 펑펑 꽃을 피워 밤을 몰아내면 뒷산의 산 벚나무들이 하얗게 자폭하고, 엷은 새벽이 숨은 잎신에선 회약 냄새 같은 늦봄의 향기가 메아리쳤다.

그렇게 운명에 대하여 뭐라고 알려주는 자연의 은유를 나는 비속적인 우리 마을의 토속어로 알아듣는 원시의 사상가가 되어갈 무렵 오랫동안 집을 떠나있던 아버지가 돌아왔다.
그리고 우리는 대대로 살아왔던 마을을 떠나 이사를 한다.

새로 복학한 낯선 환경에 방치되어 불안과 호기심이 교차하는 시점에 운명적으로 한 선생님을 만난다.
한 해 전 휴학을 하게 될 때 이유들 중 하나는 하루에 두 시간씩 들어있는 영어 과목과, 읽고 해석을 못 하면 무시무시한 대나무 뿌리 회초리로 손바닥을 맞던 두려움이었다.
새 영어 선생님은 모습부터 독특했다.
가무스레한 얼굴에 아인슈타인을 닮은 얼굴은 처음부터 친근했다. 영어책을 들고 낮은 목소리로 읊조리는 그의 입에선 재미있는 이야기가 흘러나왔다.
같은 교과서인데 하나의 문장이 아닌 이야기로 들리는 이유는 무엇이었을까?
평생 영어로 밥 먹고 살게 될 나의 운명은 그때 결정되었다.

문학을 좋아하던 나는 선생님의 목소리에 귀를 기울였고, 다음 날 선생님의 재미있는 강독을 알아듣기 위해 밤을 새워가며 영어사전을 뒤적였다.
선생님은 이따금 책에서 눈을 떼고 창밖을 물끄러미 바라보곤 했다. 이국적인 그의 눈동자 안에서 출렁이는 뭔가를 나는 보았다.

그것은 흔들림이었다.
검푸른 바다를 돌아오는 외로운 뱃길에 불빛을 비춰주는 하얀 등대처럼 그는 굳게 서 있었고, 내다보는 창문에 그의 눈빛이 오후의 햇살과 얽혀 흔들리고 있었다.

미래의 절망과 아픔에 대한 나의 기분을 터득하는 시간과 세월은 구별이 없었다.
이유 없이 지루한 주말은 가고 월요일 아침 영어 시간이 돌아왔다. 선생님은 아직 들어오지 않았다.
그가 자주 바라보던 창밖 하늘을 가로지르는 햇빛 한 가닥은 누군가의 순간적인 생의 메타포였을까?
현재의 감정과 사랑과 열정과 희망은 언젠가는 잊히는 것이라는 듯 하늘을 불안한 구름이 덮고 있었다.
예감은 영어책 속의 문장 사이를 아무렇게나 흘러 다녔다.
다음날도, 그다음 날도 영어 선생님은 오지 않았다.
그리고 며칠 후 완도 앞바다에 표류하는 시신이 발견되었다는 뉴스가 방송에 떴다.

장례식은 학교에서 열렸다.
키 큰 국어 선생님이 추도사를 했다.
나의 푸른 첫사랑 이야기를 고향 냇가에서 줄곧 지켜보았던 그 왜가리처럼 푹 잠긴 목소리로 읽어나갔다.
"선생님, 안쪽 호주머니에 꼬깃꼬깃 접힌 십 원짜리 지폐 한 장은 황천길 어느 주막에서 사드실 막걸리 한 사발 값이었습니까?"
애써 참고 있던 울음이 터져 나왔다.
그리고 운명처럼 선생님의 십 원짜리 지폐는 지금까지 읽어온 수많은 문장보다 길고 강력하게 나의 뇌리에 박혀 훗날 영문학을 전공하고 선생질과 글쟁이의 길을 가게 한다.

대학 생활 내내 마음이 불안했다.
시간과 방향감의 상실 속에 밤 중에 아무 곳이나 걷고 있는 기분이었다.
전날의 어두운 생각들이 아침과 함께 밝아지는 다음날이 계속될 뿐 여전히 잠자리에 들기까진 지저분하고 더러운 어둠은 나 자신을 확신하지 못하게 했다.
바보같이 까닭 없이 슬펐다.
우울한 마음은 일상을 지배했고, 붉은 치마의 소녀가 준 슈베르트의 겨울 나그네가 나를 현실과 격리시켜 밀어 넣는 어둠 속에서 광명을 누릴 자격을 점점 잃어가던 어느 날 옛 고향 마을을 찾아가고 있었다.

자전거

갑자기 소나기가 뿌리고 간 하늘은 이국적 풍경이었다. 사람은 예측 가능하고 형식화된 일상에 익숙해져 있어서 낯선 것은 외면하려 한다. 과자처럼 달콤한 봄날의 햇살은 일부러 주의하지 않아도 형식이 없는 아름다움으로 주의를 끈다. 어떤 형식이 없다는 것은 가공되지 않는 인간의 정의 세계다. 익숙한 것에서 벗어나 난무하는 풍경은 이제껏 보아왔던 낮은 산과 구부러진 강과 들풀들과 그 위의 구름 같은 납득할 만한 것들에서 우연히 주운 새로운 이해의 조각 같은 것들을 맞춰가며 그리는 우리 마음의 그림이었다.

그녀는 떨어지지 않으려고 나의 가는 허리를 꼭 붙잡고 있었다. 소나기가 지나간 진흙길은 미끄러웠다. 자전거는 나가지 않고 페달을 밟는 몸 안으로 길이 흘러들어왔다. 우리는 그 길의 파도 위에서 출렁였다. 균형을 잃은 자전거의 앞바퀴가 순간 들리고 길이 나를 넘고, 그녀가 나를 넘고, 풍경이 우리를 넘는 곳에서 그녀와 나는 서로를 두리번거렸다. 나는 앞정강이가 까지고, 그녀의 하얀 옷은 푸른 풀밭이었다.

우린 그날의 일과를 마치고 학교 근처 식당에서 저녁을 먹었다.

식당 주인은 그녀의 학부모였다. 며칠 후 아침 그녀와 나는 교장실로 호출을 받았다. 교육청에서 우리에 대하여 무슨 조사를 나왔다는 것이다. 유부남 교사와 미혼인 여선생님의 스캔들이었다. 나는 이리저리 사실을 설명하였지만 그녀는 묵묵부답이었다. 그녀는 그때의 마음의 풍경 속에서 아직 머무르고 있었는지 모른다. 교장실을 나오는 그녀의 등 하얀 블라우스엔 붉은 자운영꽃 자국이 선명했다. 가정방문 길이 사실과 상상의 모호한 경계의 길이 되고 만 것이다.

나는 읍내 다른 학교로, 그녀는 먼 곳으로 학교를 옮겼나. 몇 년이 흘러 경기도로 발령이 나고 신고하기 위해 수원의 도 교육청에 갔다. 도간 이동 발령받은 교사들과 함께 줄을 서 있었다.

“선생님….”

등 뒤에서 나직하게 부르는 익숙한 목소리, 그녀가 수줍게 웃고 있었다.

믹스 커피와 사랑

그녀의 방엔 멘델스존의 교향곡 3번 스코티쉬가 그윽하게 흘렀다. 오토 클렘페러와 필하모니아 관현악단은 스코틀랜드의 쓸쓸한 풍경을 그리고 있었다.
방은 책 몇 권과 사진 몇 장만이 한세상을 이루고 있을 뿐 헤브리디스의 그것처럼 황량하기 그지없었다.

멘델스존은 20세 되던 해 그의 친구 칼 글링만에게 편지를 썼다.
"나는 스코틀랜드에 간다. 그곳 민요들을 긁어모으는 갈퀴 하나와 그곳의 사랑 이야기와 시골의 향기를 들을 귀 하나와 원주민들의 벗은 맨발을 감싸줄 심장 하나를 가지고 간다."

당시 나는 멘델스존의 스코틀랜드 교향곡을 자주 들었다.
동료 직원인 그녀가 언제나 곱빼기로 타다 주는 믹스 커피에 멘델존의 달콤한 애수의 풍경이 흘러넘치면 그녀의 눈엔 눈물이 한 방울 반짝 맺히곤 했다.

그녀는 가끔 오디오가 소리가 나지 않는다고 퇴근 후 봐달라고 했다. 가서 보면 연결 코드가 하나 빠져 있곤 했다. 그땐 몰랐다, 내겐 사랑의 이야기와 사랑의 향기를 듣는 귀가 없었다는 것을.

그녀의 외로움을 감싸줄 따뜻한 심장이 없었다는 것을 몰랐다.
그때 멘델스존의 그 교향곡 스코티쉬를 지휘하던 클렘페러는 그녀의 마음을 알고 있었을까?
수십 년이 지난 지금 나는 이 곡을 과연 어떻게 해석해야 하는 것인지 아직도 모른다.

할머니의 노래

“고코로노 우사노 스테도코로….”
“눈물은 내 것인데 네가 흘리느냐….”
할머니의 구슬픈 노래가 희미하게 들렸다.
내 마음의 우울함을 버리는 곳 정도로 직역되는 일본의 옛 노래다.

마당 가에 핀 국화 꽃잎엔 밤이슬이 방울방울 맺히고 소리 없이 쌓이는 월색을 깔고 앉은 새색시 같은 할머니의 엉덩이가 슬펐다. 국화가 피면 할머니는 식구들이 잠든 새벽 가만히 마당으로 나와 창백한 꽃잎을 어루만지며 알아들을 수 없는 슬픈 노래를 불렀다. 그리고 할머니에게선 홍시 같은 술내가 났다.

할머니는 26세에 18년 위 할아버지에게 서모로 왔고, 2년 후 어머니가 시집을 왔다. 어머니보다 4살 많은 할머니는 어머니보다 더 젊었고 나는 할머니를 어머니로 알았다. 한창 젊은 나이였지만 아이를 갖지 못하는 할머니는 내가 세상에 태어나자마자 나를 자신의 아들처럼 키웠다.

빨아도 빨아도 나오지 않는 국화꽃처럼 발간 젖꼭지를 물리고 우는 아기를 달래기 위해 밥물을 받아 먹였다.

잠도 할머니 방에서 자는 내게 어머니는 남의 엄마처럼 할머니 몰래 젖을 물리곤 했다. 그때마다 어머니의 눈물 섞인 젖은 짭짤했고 내가 어려서부터 몸이 약했던 것은 그때 젖배를 곯았기 때문이다.

할머니는 소문난 미인이었다. 마을 여인네들이 수군거리는 소리가 들렸다. 아이를 갖지 못하는 이유는 일본군 정신대에 끌려갔다 왔기 때문이라는 것과 일본 사람과 결혼해 아들이 하나 있었는데 태평양 전쟁 때 폭격으로 남편과 아들을 잃었다는 이야기였다.

이런저런 어수선한 생각으로 가득 찬 날들은 나는 할아버지의 축음기를 몰래 꺼내 알아들을 수 없는 일본 노래를 들었다. 노래가 슬픔의 바다를 헤쳐 가던 어느 날 할머니는 흑백사진 몇 장을 꺼냈다. 일본 전통 옷을 입은 사진 속 20대 초반의 할머니는 참으로 예뻤다. 할머니의 가슴속에서 눈물 한 방울이 흘러나와 천천히 일렁이기 시작하며 좁은 방 안은 검푸른 현해탄이 파도치기 시작했다.

이야기는 계속되었다.
조선 사람과 일찍 결혼해 일본에서 살다가 전쟁 막바지 폭격을 피해 귀국길에 오르던 중 비행기 공격으로 배가 침몰했다고 했다.
혼자 살아남은 할머니는 부산에 몇 년 머물며 혹여 남편이 돌아오기를 기다리다가 고향으로 돌아와 할아버지를 만났다고 했다.
정신대 이야기도, 아들이 있었다는 이야기도 사실이 아니라고 했다. 그러나 지금까지도 풀리지 않는 것은 할머니가 자주 술을 마시는 것과 밤이면 몰래 마당이나 들에 나가 들꽃 앞에 앉아 꽃잎을 쓰다듬으며

"우리 아가 예쁘다, 참 예쁘다…."

하면서 걱정이 되어 따라 나온 나를 껴안고 밤새워 우는 것이었다.

그 후 할머니는 동자 귀신 신내림을 받고는 더 이상 밤에 혼자 우는 일은 없어졌다. 할아버지와 할머니가 따로 읍내에 집을 마련해 나가시던 날 아직 초등학생인 나에게

"너는 삼십포 다리 밑에서 주워 온 아이란다."

씩 웃으며 내게 건넨 할머니의 한마디는 족보 속 힘의 질서에 대한 정의의 선고였고 지금까지도 내 정신을 지배하고 있다.

왜곡되는 풍경

봄에 세상을 떠나는 사람들이
왜 많을까?
꽃이 피고
만물이 눈을 뜨는 계절
왜 그들은 눈을 감는 것일까?
할아버지가 봄에 가셨고
할머니가 봄에 가셨고
아버지도 봄에 가셨다.

벚꽃 날리는 공원 나무 의자에
할머니 한 분이 앉아있다.
멀리 피어오르는 아지랑이와 황사는
세상과 작별하는 사람들이,
그들이 마지막 엮은 꿈속의 잠까지
쥐어 짜낸
눈물에 왜곡되는 세상의 풍경이다.
그들의 눈물은 한 방울의 세상의 물이
아니라
그들의 눈물은 한 방울 속의 세상의 물이다.

장미꽃 풋사랑

비 갠 하늘을 넋 놓고 바라보다 휑하니 비어가는 눈 속을 여름의 햇살이 푸른빛으로 채운다.
문득 사방의 푸른빛을 피해 담장을 슬그머니 넘어오는 빨간 넝쿨장미 한 송이가 흠칫 놀란 듯 흔들린다.
오, 눈에 익은 빛깔이다.

고등학교 시절 자취방에서의 어느 여름밤, 학기말 시험 공부를 하느라 책상 앞에 앉아있다 잠시 쉬기 위해 기타를 집어 들었다.
뚜아에무아, 박인희와 이필원이 불렀던 그리운 사람끼리 노래를 아르페지오 반주로 조용하게 불렀다.
그때 어디선가 내 노래에 화음을 맞춰 부르는 소녀의 목소리가 들려왔다.
앞집 창문에서 들려오는 것이었다.

소녀의 창문과 내 창문은 엇갈려 있었고, 그녀의 집과 내 방은 담 없이 밀착되어 있었지만 틈이 좁아 사람이 그 사이로 들어가 들여다볼 수는 없었다.
그 이후로 나는 밤마다 그 시간이면 기타를 들었고 우리는 서로 얼굴도 모른 채 노래했다.

목소리가 예쁜 소녀가 날이 갈수록 궁금해졌다.
그러다 어느 날부터 그녀의 노래가 끊겼다.
그녀의 창 밑엔 넝쿨 장미가 뻗어와 힘없는 꽃 한 송이가 피어 있었고 커튼은 내려져 있었다.
그리고 며칠 후 소녀로부터 편지 한 통을 받았다.
아버지가 먼 곳으로 발령이 나서 부모는 먼저 떠나고 자신은 여름 학기가 끝나는 날 저녁 열차로 떠난다는 내용이었다.

나는 그날 하교 후 역으로 달려갔다.
저녁노을이 핏빛처럼 물든 플랫폼에 열차가 들어오고, 석양을 등진 누군가가 눈에 익숙한 장미꽃을 흔들며 서 있었다.
꼬마열차가 뒤뚱뒤뚱 사라져간 플랫폼엔 서산의 그림자가 붉어졌다.
내 발치까지는 흘러내리지 못하고 끝내는 멈춰버린 말 없는 산의 그림자 속으로 나는 팔딱이는 심장 하나로 걸어 들어가고 있었다.

건널목 주의

성묘길

조상의 비문을 더듬어 읽는다
손바닥 밖으로 지워지는 손금
움켜쥐면 살아온 모양대로
운명선은 다시 그어진다
멀리도 왔구나 아득한 제자리
뜻 모를 문장들은 쓰러지고
시든 조화에도 핏줄은 흐른다
흐르다 지쳐 단내로 묻는 하루는
숨 멎는 하늘
무덤 속을 깜짝 흔들어 깨면
가문 날도 한 잠 구름 뜨겠다
꿈도 뭉게뭉게 부풀어 오르겠다
한쪽으로만 대답하는 반달에
밀리는 한나절은
이팝나무 새하얀 꽃잎들도
되묻는 딸꾹질에 쉰 보리밥 덩이,
발자국은 햇살을 향해 뛰고
몸뚱이는 걸음 안에서 미아가 된다

아냐니

"아냐니, 아냐니… 내가 안 그랬단 말요, 안 했단 말요."
여인은 울부짖었다.
우물가에 털썩 주저앉아 헝클어진 머리를 흔들며 우는 여인의 너덜너덜한 적삼 위에 눈은 조용히 쌓이고 있었다.
스스로 부끄럽지 않은 삶은 살아왔다고 하얗게 눈 덮인 어깨를 거짓의 계절이 그만큼 어둡게 휘감아 내리고, 끓어 나오는 뜨거운 분노에 눈은 녹아 검정치마엔 눈물인 듯 땟국물이 흘러내렸다.
그녀의 주변엔 깨진 물 항아리가 뒹굴고, 파편들은 여기저기 흩어지고 동네 아낙들은 성난 염소처럼 모로 내려다보고 있었다.

40살이 넘도록 장가를 가지 못한 사내는 동네의 여러 집을 돌면서 머슴살이를 하고 있었다. 아버지와 나이가 같은 사내, 얼굴도 목소리도 아버지와 비슷한 그가 늘 불쌍해 보였다.
어려서부터 반벙어리였던 그는 아이들의 놀림감이 되기 일쑤였고 그때마다 아이들을 향해 알아들을 수 없는 말로 소리를 질렀다.
차츰 아이들은 그의 성난 눈빛을 무서워하게 되었고 더 이상의 놀리는 일도 없어지면서 아무도 그의 곁에 가까이 가는 아이가 없었다.
언제나 혼자서 외로워 보이는 그는 길을 걸을 때도 끙끙 속으로 신음하듯 무슨 말을 중얼거렸다.
그런 사내가 이상해 사람들은 그를 멀리했다.
나는 그가 가여워 가만히 다가가면 내게 씩 웃어 보이곤 했는데, 그것이 사내가 내게 베푸는 유일한 친절이었다.

언젠가부터 마을에 낯선 여인이 나타났다.
당시에는 구걸하는 떠돌이들 여인들이 많은 세상이었지만 그녀는 눈에 띄었다.
작은 키에 유난히 굵고 검은 눈썹의 흰 얼굴은 엉성한 새집 같은 새까만 머리를 이고 다녔다.
봄여름 다 가도록 변함없는 흰 적삼과 두꺼운 검정치마는 사람과 옷 사이의 견고한 신뢰감을 주는 듯 그녀는 누더기 속에서 인심했다.
서른을 갓 넘었을 거라 사람들은 수군거렸지만 늘 눈가에 낀 눈곱과 듬성듬성한 누런 앞니와 비굴한 그녀의 말투는 나이가 들어 보이게 하는 것이어서 실제 나이를 가늠하기 어려웠다.
그녀는 말을 할 때면 언제나 자신을 낮추고 상대를 맹신했는데, 그녀의 피항적인 말투는 오랫동안의 떠돌이 생활에서 얻은 무의식의 안도감을 위한 것이었는지 모른다.
사람들은 그녀에게 차츰 호의를 느끼고 여인은 우리 동네를 자주 찾아와 오래 머물곤 했다.

사내는 동네의 뒤쪽 산기슭의 토담집에 혼자 살고 있었다.

그가 사는 곳은 뒷골 여우가 우는 곳이라고 해서 사람들이 잘 가지 않았고, 산등성이 그늘에 일찍 식어버린 햇볕만이 잠시 머물다가는 어둡고 으슥한 곳이었다.
불이 켜있는 것이 좀처럼 보이지 않던 단칸의 초가집 지붕 밑 들창에 언젠가부터 불빛이 보이고 두런두런 소리가 들렸다.
사람들은 뒷산 여우가 구시렁거린다고 했으나 그건 사람의 소리, 남자와 여자의 말소리였다.
사내가 말을 하는 것을 들어본 적이 없던 사람들은 그들의 이야기를 뒷산 여우의 것으로 생각했던 것이다.
그리고 여인은, 아침마다 물동이를 이고 동네 앞 우물에 내려와 물을 길어갔다.
커다란 항아리 물동이를 머리에 이고 뒤뚱뒤뚱 언덕길을 올라가는 그녀의 걸음은 불안하게 흔들렸지만 더 이상 구걸하는 떠돌이의 걸음이 아니었다.
그녀가 내딛는 보폭은 자신의 걸음 안에서 확고했고, 그동안 세상에서 잃은 것들에 대하여 보상받는 확신이었다.

그렇게 여름이 가을이 그들의 토담집을 다녀가고, 좁은 지붕은 하얀 눈으로 겨우내 점점 볼록하게 불러갔다.
봄은 오고 토담집에서 마을 아래로 내려오는 골목, 매화꽃 살구꽃 그늘 흘러내리는 길에 갓난아이의 울음이 떠오고 사내의 수줍은 웃음도 실실 흘렀다.
그들이 어떻게 만나서 부부가 되고 아기가 태어났는지 알 수 없었던 어린 나는 집 뒤안 토굴 속에 사는 토끼의 가족을 들여다보며 궁금해했다.
동네 아이들을 향해 소리 지르던 사내의 무서운 눈빛에서 부드러운 미소로 바뀐 얼굴 위로 다시 한번 지나가던 계절의 불투명한 기압골의 끝자락 어느 날, 앞 냇가 수양버들이 냇물에 비치던 자기 모습을 잃어버리고 검붉은 흙탕물 위에 사나운 머리채를 소리소리 흔들던 날 그들의 토담집에서 비명 같은 울음소리가 크게 들렸다.

아이들의 돌무덤이 있는 뒷산 떨밭의 못 보던 돌무덤 위에 어스름이 일찍 내려와 마을의 저녁연기를 모두 삼키고 사람들의 말까지 흡수해버리는 조용한 겨울은 다시 찾아왔다.
뒷산 봉우리에선 돌덩이 같은 침묵이 굴러 내리고 사내와 사람들 사이에는 꿈같은 설움의 비율로 서로를 응시하며 서로를 위로하는 비밀이 커져갈 때 마을에 이상한 소문이 돌았다.
쌀을 도둑맞는 집들이 있었고, 조금씩 훔쳐 간다는 소문이었다.
사람들의 의심의 눈길은 자연스럽게 떠돌이 여인에게 쏠렸다.
그녀가 이전부터 쌀을 씹어 먹는 모습이 사람들의 눈에 잘 띄었던 것이다.
여인의 이가 누런 것도 평소 생쌀을 먹으면서 잇몸에 감창이 생겼기 때문이었다.
우물에 물을 길어 내려온 그녀를 마을 아낙네들이 다그치던 날 밤 그녀의 울음소리 위로 밤새 눈은 쌓이고, 여인의 울음은 순백의 눈 안으로 가물가물 스며들어 갔다.

그 후 동네에서 그녀를 본 사람은 더 이상 없었다.
남의 집 머슴살이를 하는 사내는 아이를 잃은 여인의 슬픔과 마을 사람들의 의심으로 떠는 분노를 곁에서 다독여줄 수는 없었다.
아내가 사라진 길의 눈 위에 찍힌 익숙한 발자국은 그들이 두 해 동안 속해있던 꿈같은 세상으로부터 떠나가기 싫은 듯 한낮이 되어도 녹지 않고, 이해와 현실 파악의 경계에서 가공되지 않은 사내의 원초적 본능 같은 뜨거운 발자국 아래서도 스러지지 않았다.
앓아누운 사내의 토담집 문을 며칠 후 머슴살이 집 주인이 열었지만 방 안엔 그가 없었다.
밤늦도록 뒷산 골짜기에서, 등성이를 넘어가는 큰골에서 들려오던 짐승처럼 울부짖던 소리가 주인 영감을 아침 일찍 그의 집을 찾아오게 한 것이다.
간밤 내내 내리던 눈으로 모든 길은 다 덮이고, 눈 시리도록 하얀 세상의 푸른 하늘에 솔개 한 마리가 떠서 빙빙 돌다 이쪽 순백의 세상에 울음 하나를 떨어뜨리고 공허한 세상 저쪽으로 천천히 넘어가고 있었다.

아내의 명품 도마

아내가 시장에 간 사이 그동안 눈여겨보았던 아내의 멋진 나무로 만든 도마를 훔쳤다. 자작했던 음악 감상 의자의 팔걸이가 너무 짧아 늘 불편했다.
도마를 전기톱으로 두 쪽을 내 의자의 팔걸이에 순간접착제로 붙였다. 구멍을 뚫고 나사못으로 고정하면 좋으련만 아내가 오기 전 록타이트 401로 순간에 붙였다.

아내가 시장에서 돌아와선 저녁 준비를 하려고 사 온 고등어를 꺼낸다. 뭘 찾는다, 여기저기 찾는다. 두런두런하더니 플라스틱 도마를 꺼내 고등어를 손질한다.

저녁을 먹고 아내가 설거지를 한다.
아내의 젖은 손을 끌고 서재로 와선 의자에 앉힌다. 오늘 저녁은 내가 설거지를 할 테니 앉아서 음악 감상을 하라고 했다. 아내가 감격해한다. 브람스의 피아노 협주곡 1번, 멋쟁이 라두 루프 피아노와 에도 디 와트의 런던 필의 음반을 올려주었다.
설거지가 거의 끝나 갈 무렵
“여봇, 이게 뭐예요…?”
날카로운 아내의 외마디 소리가 튀어나왔다.

시치미를 뗐지만 아내가 찾던 도마의 이름이 Classic이었다. 새로 만든 왼쪽 팔걸이에 Classic이란 문자가 뚜렷했다.

음악 감상용 의자, 그 의자의 뒤판도 아내의 빨래판을 가져다 붙인 것이다. 아내의 화장 대 위의 새 분갑을 펜치로 끊어 윗부분의 거울만 예쁘게 떼어내 카트리지의 수평 확인 거울로 사용하고 있는데 아내는 지금도 모른다.

당산나무와 일몰

나무도 몇백 년을 한자리에 서 있으면
외로움을 아나 봅니다
제 몸을 쥐어짜서 이슬에 젖는 가지,
눈물 흐르는 뺨 그 빛깔 그대로
사람의 핏줄을 돌아
취한 일몰은 한밤중에 꽃으로 핍니다

- 시 「고목」 부분

저녁은 당산나무로부터 왔다. 마을에서 가장 높은 공중을 머리에 이고 있는 당산나무는 허공 아래 일어나는 일을 맨 먼저 본다. 허공중의 이야기를 처음 듣는다. 그것들의 배경은 늘 붉고 쓸쓸한 하늘이었다. 가지 끝에 걸린 일몰은 마을을 살다 간 사람들이 이승으로 보내는 편지였던 것이다. 당산나무에 기대 올려다보면 하늘에서 참 많은 이야기가 들린다. 아무것도 묻지 않았다면 그는 신의 문자를 해독한 사람일 것이다.

어느 해 봄날 아이는 태어났다. 눈 부신 태양을 안고 와서 가난한 한 집안을 온통 환한 빛을 채우던 아이는 나무 높이 올라가 하늘로 돌아갔다. 사춘기에 접어든 아이는 동네의 또래 소녀와 사랑에 빠지고 동구 밖 당산나무에 세찬 바람이 불던 날 가지에 목을 맨 것이다. 아이의 아버지는 날마다 나무를 쳐다보다 가슴에 구멍이 뚫려 아이를 따라가고 당산나무에도 언젠가부터 커다란 구멍이 생겨났다.

열 하고도 일곱 번의 봄에서 한 번의 계절로 무슨 바람은 불어 갔을까. 해마다 같은 꽃을 피우고 다르게 진화하는 나무, 사람과 나무가 서로를 향하는 동안은 서로 천천히 멀어지고 있었을 것이다. 서로가 아닌 다른 모습에서 미완성된 외로움이 고립된 서로를 끝내 인내하지 못하고 가지 끝에 무채색의 해가 열릴 때 아이는 이별보다 가벼운 몸뚱이로 돌아갔다. 그리고 바람은 나무에서 펑펑 흘러내렸던 것이다.

당산나무는 다른 말로 동구나무, 정자나무로 불린다. 남도에선 사장나무라 불리기도 한다. 마을이 처음 형성될 때 동네 어귀에 느티나무, 팽나무, 회화나무, 이팝나무 등을 심어 마을의 안과 밖을 구분했다. 그중 영원성을 부여받은 나무가 당산나무다. 이 영원성은 과거와 현재, 미래를 통합하는 일종의 신성(神聖)으로 샤머니즘이라고 하는 우리 무속 세계의 근간을 이루는 하늘과 땅, 나무와 풀들의 말을 이해하는 우주의 모든 음성의 고향이다.

사람들은 마을을 지켜주는 신령이 깃들어 있다고 믿는 당산나무에 해마다 음력 2월 보름이면 제를 지냈다. 당산제는 엄격한 계율에 의해 먼저 관을 선출한다. 지난해 불행을 겪은 사람은 배제

되고 덕망 있고 팔자 좋은 사람이 선출되었다. 제수 준비는 부녀자들의 몫으로 목욕재계 후 몸가짐을 정결하게 함은 물론 화장실 출입도 삼갔다. 제를 잘 지내면 나뭇잎이 푸르게 무성하고 잘못 지내면 나무의 한쪽 잎들이 마른다고 믿었다.

당산나무 아래 장승이 함께 서 있는 것도 예전엔 흔히 볼 수 있는 풍경이었다. 장승은 마을을 재앙으로부터 지켜주고 마을의 생기가 밖으로 흘러 나가는 것을 막아주었다. 마을에 전염병이 돌거나 누가 아프면 밥과 고기와 나물을 준비하여 당산나무와 장승이 서 있는 동구 밖 길가에 저승사자 밥을 차려놓았다. 짚신도 한 켤레 함께 놓았다. 이는 내세보단 현세에 가치를 둔 우리 무속 신앙의 한 단면이기도 했다.

노인이 당산나무를 쳐다본다. 저 노인은 어쩌면 그 집안의 후손일지도 모른다. 나뭇가지엔 저녁노을이 한창 타고 있다. 노을은 나무의 커다란 구멍에서 흘러나온 아이 아버지의 선혈일까. 그때 아버지가 나무 아래서 가슴속으로 흘려보냈을 붉은 하늘도 저 구멍을 지나온 곳은 아닐까. 노인은 가만히 서서 노을이 질 때를 기다린다. 움직이면 한 귀퉁이씩 지워지는 기억의 지도로 그는 다르게 진화된 나무의 허공을 찾아내고 안녕할 것인지, 희미한 아이의 울음소리에 구멍의 깊이가 깊어질 때 역시 안녕했다고 그의 아버지 아버지가 보낸 편지를 노인은 저 꺼져가는 노을에서 읽고 있는 것인지도 모른다.

동구나무와 고향

어머니가 장에 가신 길은 가도
와도 끝없는 기다림의 길
허리 한 번 질끈 동여매면
동구나무에 팥죽 같은 노을이 걸렸다

- 시 「어머니의 길」 부분

고향 집 앞엔 넓은 밭이 신작로까지 펼쳐져 있었다. 밭의 오른쪽 끝 모퉁이엔 할아버지도 그 나이를 알 수 없다는 커다란 동구나무가 있었다. 오래된 느티나무는 억센 뿌리를 우리 밭까지 야금야금 뻗어 내리고 어머니는 늙은 나무보다 더 거친 맨발로 밭을 갈아 옥수수를 심어 나무와 맞섰다. 그렇게 일곱 남매를 키우던 어머니를 바라보며 나는 펜으로 밭을 갈아 살아갈 꿈을 처음 꾸었는지도 모른다. 옥수수는 질긴 뿌리를 어머니의 인내심 깊이 내려 한 여인의 슬픔을 한 방울 한 방울 빨아올리고 옥수수 알은 여물어갔다.

어느덧 동구나무에도 초록이 우거져 밤새가 조용히 울기 시작하면 어머니의 커다란 양은솥은 밤새도록 새의 눈물을 뚝뚝 대신 흘렸다. 새의 눈물로 말갛게 씻긴 새벽이 밝아오면 어머니는 삶은 옥수수 보따리를 머리에 이고 장을 향해 길을 나섰다. 그런 날은 빈 옥수숫대를 잘라 먹는 게 일이었다. 옥수숫대를 뽑아 올리면 하얀 뿌리가 노스텔지어처럼 먼 하늘을 향해 산발하고 단단한 껍질을 이빨로 벗기다 입술을 베이기도 했다. 동구나무 그늘에 앉아 옥수숫대를 질근질근 씹을 때 단맛과 입술에서 흘러나온 피가 섞인 맛을 나는 동구나무 가지에서 흘러내리는 햇볕의 따뜻한 맛이라 생각했다. 그러면 내 그림자에서 나무의 그림자까지 피가 통해 나는 우리 동네 동구나무의 상속자가 된 것 같아 종일 배가 불렀다.

동구나무에서 울던 밤새는 지금도 와서 울까. 배고픔과 무력감으로 조용히 울던 새는 지금은 얼마나 사치스런 목소리로 치장했을까. 한밤중에 몰래 울던 새는 소월의 접동새였을 것이다. 아홉이나 되는 오랍 동생을 죽어서도 못 잊어 야삼경 깊은 밤에 와서 울었을 것이다. 가엾은 새의 유일한 길은 지금도 어둠일까. 어머니가 지나간 동구나무 아래 어둠이 깔린다. 비밀로 가득 찬 어둠 속에서 무엇을 찾으려고 오늘도 태양은 나무 꼭대기에서 굴러떨어지는 것인지, 보인다, 어머니가 팥죽 같은 노을을 머리에 이고, 팔다 남은 옥수수 몇 개를 젖꼭지처럼 매달고 우리를 향해 밤새가 우는 길을 터벅터벅 걸어오는 것 보인다.

동구나무 아래는 끝없는 길이 구부러져 갔다. 나무를 지나서 한없이 흘러가다 구름이 낀 날이면 하늘 속으로 사라졌다. 그 길

위를 할아버지도, 할아버지의 아버지도 지나가고 지나왔다. 그리고 영원히 그 길을 따라갔다. 어머니가 장에 가는 길엔 동구나무도 어머니 쪽으로 향했다. 바람도 따라 몰려갔다. 아이들은 나뭇잎을 주루룩 한 움큼 훑어 따서 바람에 날리고 어머니가 장에서 돌아오는 때를 점쳤다. 내가 날리는 나뭇잎은 언제나 허기진 꿈가를 맴돌고 좀처럼 어머니는 오지 않았다.

장으로 가는 길엔 아기 주먹만 한 자갈들이 깔려있어 어쩌다 지나가는 고물 버스도 털털거리며 느릿느릿 달렸다. 아이들은 숨이 세상 밖으로 찰 때까지 버스 뒤를 따라 달렸다. 흙먼지 속에서 반나절은 하루보다 길었고 다시 한나절이 시작되는 길 위에서 정오의 시곗바늘은 두 갈래로 갈렸다. 아이들은 넓은 찻길을 따라갔다. 나는 길 위에서 기억들을 하나씩 주우며 밭둑길을 돌아오고, 주웠다가 잃어버린 먼 기억의 끝엔 어머니가 절뚝절뚝 걸어오고 있었다. 가난한 어머니의 보따리 속엔 붕어빵 몇 마리가 외롭게 엉겨 붙어 있었다. 그날 밤은 동구나무 가지 사이로 버스표 한 장 값인 십 원짜리 같은 붉은 달이 떠오르고 아무도 타지 않은 막차에선 창백한 달빛들이 쏟아져 내렸다.

지금 나는 저 동구나무 아래를 자동차로 지나가고 있다. 길엔 풀 한 포기, 돌멩이 하나도 없다. 수줍게 얼굴을 가리던 앉은뱅이 민들레도 보이지 않는다. 모두 시멘트로 덮여버렸다. 동구나무 아래를 무심코 지나가던 사람이나 까닭 없이 서성이던 사람들도 모두 남겼을 발바닥만 한 흔적조차 덮여버렸다. 흙길을 걸으면 길은 몸뚱이에서 흘러나와 길과 사람이 하나가 되곤 했다. 길은 사람의 모습으로, 사람은 길의 모습으로 낮아지며 따라가며 유장하게 한세월을 흘렀다. 길 위에 비치는 나무의 그림자에도 아련한 사람의 무늬가 떠서 흘렀다. 동구나무를 돌아보며 사라진 것들의 이름을 불러본다. 부스러진 기억 속의 정강이도 퍼런 금이 가는지 문득 다리가 아파온다.

고향을 생각하면 먼저 동구나무가 떠오른다. 아무리 먼 길을 돌아가더라도 언제나 반겨줄 것만 같은 어머니 같은 나무다. 비바람이 칠 때도 눈보라가 칠 때도 맞서는 세월에도 어제인 듯 동구나무 아래는 고요했다. 외로운 사람이 찾아와도 늘 인기척으로 함께 해주었다. 이젠 나무 끝에 앉아 행선지를 묻던 철새들도 방향 없이 날아갔다. 이 자리에서 누군가를 기나리고 있었다는 기억 하나로 미래의 죄책감과 다시 맞설 수는 있는 것일까. 나무의 숭고한 몰락을 슬퍼할 규약을 미리 만들어놓고 필사적으로 몰려오는 현대화를 사랑할 수 있을 것인지… 손에 꼭 쥐고는 있었으나 끝내는 놓쳐버린 누군가의 손금 같은 첫사랑, 동구나무를 한 번 더 돌아본다.

사진 - 배홍배

당산나무와 기원

빗나간 가지에도 하나의 길은
통하겠지요 그 길,
길 위에도 낮과 밤이 뒤섞여
불분명한 날들은 흘러갔겠지요

- 시 「나목」 부분

늦은 오후 나무 아래는 적막하다. 수많은 낮과 밤이 저 당산나무 아래서 조용히 만나고 헤어졌을 것이다. 낮게 드리운 나뭇잎에 벌써 이슬이 축축하다. 이슬이 아침과 저녁의 눈물이라면 나무 아래 쪼그리고 앉아 뭔가를 생각하고 있는 여인은 수백 년의 하루가 건넜을 슬픔의 법칙을 찾고 있을 것이다. 그녀는 당산나무 아래서 사랑을 얻고 그 나무 아래서 사랑을 잃어버렸는지도 모른다. 여인의 슬픔은 고요하다. 쳐다보는 개의 눈이 고요하다. 나무의 적막이 소리의 정점에서 그들의 고요를 거느린다. 이 고요의 후방은 무엇인지 올려다보면 까마득히 구부러진 가지들과 손가락이 엉키도록 기원하는 것은 무엇인지, 사람의 한나절이 나무의 그림자 안으로 쓰러진다.

당산나무는 마을의 언덕이나 낮은 산기슭에 서 있다. 지대가 우묵하고 바람이 거세지 않는, 풍수적으로 신령이 깃들기 좋은 곳에 자리한다. 어릴 적 눈보라가 치는 겨울 십 리가 넘는 길을 걸

학교에서 돌아올 때 동구 밖 당산나무 아래 들어서면 매섭게 불던 바람도 조용해지고 안온한 기운이 꽁꽁 언 손발을 녹여주었다. 한밤중에 먼 길을 돌아 집으로 올 때 어둠에 대한 두려움과 홀로 남겨진 공포도 당산나무 근처에 다다르면 모두 사라졌다. 당산나무는 그 자체로 신앙이었다. 지역 공동체의 정신적 영적 구심점이었다. 마을에서 조금 떨어져 있어도 심리적으로 마을의 중심에 자리하고 있었던 것이다. 여인의 기억 중심엔 당산나무가 아직 울창하겠지만 여인은 기억 밖에 있고 기억과 사람 사이엔 금줄이 쳐져 있어 거리는 요원하다. 여인이 다시 손을 모은다. 손톱 끝으로 벗어나는 손가락 사이로 비명처럼 오후의 햇빛이 훽훽 뿌려진다.

당산나무는 느티나무가 많다. 괴목(槐木)이라 불리기도 하는데 귀신과 나무가 한 몸을 이루는 신목(神木)으로 여겨지는 나무여서 사람과 당산나무가 관련된 이야기들이 많다. 60년대 새마을 운동이 한창일 무렵 동네 가꾸기 사업의 일환으로 마을 길을 넓히거나 할 때 당산나무를 없앤 경우들이 많이 있었다. 나무를 벤 사람이 급사하거나 당산나무를 베어 내고 갑자기 마을에 변고가 생긴 일화들을 종종 들었다. 우리에게 당산나무는 단순한 식물적 존재가 아니었다. 나무는 사람의 가슴에 뿌리를 내리고 막막한 인간의 풍경을 견뎌왔다. 나무와 사람은 서로의 꿈으로 서로를 지배하고 나무가 가지를 뻗는 공중은 사람의 꿈속 한자리였다.

오래된 당산나무들은 몸통에 커다란 구멍이 있는 것들이 많다. 태풍 같은 세찬 바람에 가지가 부러져 나간 자리의 옹이가 썩어 생긴 구멍이 나무가 자라면서 커진 것이다. 사람들은 지미디 그 구멍 깊이 한 가지씩은 사연을 간직했고 나무의 구멍 속을 들여다본 사람은 누구도 없었다. 유년 시절 핏빛 같은 보름달이 동구 밖 당산나무 가지 사이로 뜨던 밤 작은 밥그릇 만 한 푸른빛 덩어리가 증조할머니의 방에서 나오더니 지붕을 넘고 동네에서 가장 큰 우리 집 살구나무를 넘어 당산나무 위를 몇 바퀴 떠다녔다. 그리곤 어디론가 사라졌다. 그것은 혼불이었다. 아무도 그 깊이를 모른다는 당산나무의 커다란 구멍 속으로 할머니의 혼불이 사라지던 밤 내 가슴에도 허공이 들어서고 달은 내 가슴에서 윤회를 거듭했다. 그리고 쌀밥 같은 보름달이 떠오르는 죄스러운 날들은 흘러갔다.

그 후 당산나무를 쳐다보면 밥 냄새가 났다. 80이 넘은 할머니는 장손인 나를 끔찍하리만큼 예뻐하셨다. 동네에 잔치나 바깥 제사가 있는 날 떡이나 고기 같은 먹을 것이 들어오면 삼촌과 동생들의 눈을 피해 숨겨놓았다가 내게만 몰래 주셨다. 쌀이 귀하던 시절 어머니는 쌀 한 줌을 보리밥 솥의 가운데 얹어 할머니에게만 쌀밥을 해드렸는데 할머니는 그 쌀밥을 이불 속에 숨겨놓았다가 아무도 없으면 내게 꺼내 먹이며 내 엉덩이를 토닥이셨다. 어린 손자는 포동포동 살이 쪄가고 할머니는 누에고치처럼 꼬부라지고 줄어들어 돌아가셨다. 그때 목구멍으로 넘어가던 쌀밥 같은 달이 고향에서 수천 리 떨어진 이곳까지 나를 따라와 저기 저 고목 위에 떴다.

옛날엔 당산나무나 서낭당 같은 곳은 남녀 간의 은밀한 사랑의 장소이기도 했다. 동네에서 조금 떨어져 있었고 신성시되던 곳이라 밤엔 사람들의 시선을 피하기 좋은 곳이었다. 동구 밖 당산나무 위에서 부엉이가 목쉰 울음 하나를 떨어뜨리면 한 사람이 떠났다. 방송에선 유치한 뽕짝이 흘러나왔다. 나는 외제 라디오를 귀에 꽂고 고국에서 외로웠다. 열매를 맺어본 적이 없는 늙은 느티나무의 꽃들만이 홀로 자유로웠다. 날이 새면 십 리 밖 바다에서 유난히 고운 해가 뜨고 물빛이 채 가시지 않은 햇빛으로 느티나무는 우리 집 마당까지 보랏빛 그늘을 길게 드리웠다. 사람의 외로움과 나무의 그늘이 섞여 뿌옇게 낡아버린 아침, 간신이 내게 회귀하는 키 큰 그림자를 안고 나는 너무 일찍 성인이 되었다.

당산나무와 이정표

이정표가 가리키는 반대 방향으로
사람들은 떠나갔다

새들이 햇빛들을 주워 모아 허공에
보금자리를 만들어 깃들 때
내가 쉴 곳엔
내가 믿는 신이 먼저 앓아 누었다

남겨진 날들 위로
싸구려 시간들은 뿌려지고
내일 떠오를 태양에서 쉰내가 났다

- 시 「여행」 부분

당산나무는 이정표이기도 했다. 사람뿐만 아니라 하늘을 날아가는 새도 불어가는 바람에게도 방향을 가르쳐주었다. 서산에 해가 지고 땅거미가 깔리면 짓던 개들도 돌아가고 나그네는 당산나무 아래 앉아 붉은 노을을 바라보았다. 사람들은 이따금 찾아오는 그를 거지라고 했지만 한 번도 구걸하는 걸 본 이는 없었다. 남자는 다 해진 군복을 입고 있었으며 다리엔 구 일본군들이 착용했던 각반을 두르고 있었다. 그 이상스러운 차림새와 다리가 무척이나 긴 그 모습은 내 어린 눈엔 이국인으로 보였다. 언젠가 그가 나무에 기대어 서쪽 하늘을 바라보며 노래를 나지막하게 부르는 것을 들어본 적이 있었다. 슈베르트의 가곡 겨울 나그네 중 '거리의 악사'라는 걸 한참 시간이 흐른 후 알았다. 이상하게도 나는 그 곡조에 끌렸다. 나도 모르게 조용히 따라 불렀다. 그리고 내가 그 노래를 온전히 부르게 되자 그 남자는 다시 찾아오지 않았다.

그는 어쩌면 정말 이국인이었는지 모른다. 어쩌다 잘못 국경을 넘어 우리 마을까지 흘러온 것은 아닐까. 그에게 우리 동네 당산나무가 그 겨울 나그네의 보리수나무는 아니었을까. 그리곤 그는 내 상상의 세계에서 슈베르트의 겨울 나그네로 다시 탄생한다. 고등학생 시절 가곡 겨울 나그네가 들어있는, 어느 소녀에게서 받은 60년대 성음 제작소의 박스 음반은 가지고 있는 5천 장이 넘는 클래식 LP 음반 가운데서도 가장 아끼는 음반이다. 레코드 바늘을 내리면 수십 년간 내 기억의 외지를 떠돌던 나그네의 몸뚱이가 타향의 거센 바람에 풍화되어 허물어지는지 몸 안에서 서걱거리는 소리가 들린다. 잡음투성이 음반은 내일의 비밀을 숨긴 채 자꾸만 어제 쪽으로 돌아가는데 그의 노래는 기억의 어제와 오늘 사이에서 서로 다른 소리의 넓이로 정처 없다.

짝사랑의 열병을 앓는 그는 걷잡을 수 없는 마음의 상처를 입고 눈보라 치는 겨울 벌판을 방황한다. 사랑에 관하여 이방인으로 왔다가 이방인으로 떠난다. 매서운 바람이 선택한, 그가 가야 할 길엔 염세적인 어둠만이 자란다. 수많은 꽃다발로 그를 맞이해주었던 계절은 자기 파멸을 이끄는 들짐승들의 발자국을 따라갔다. 아름다운 아가씨여 안녕, 불어오는 바람과 불어가는 바람 사이에서 가여운 사랑의 추방자는 어디로 향해야 할지, 마음의 풍향계에도 그는 혼란스럽다. 눈물로 얼어버리기엔 그의 가슴은 아직 뜨거운데 눈물이 뺨 위에 얼어붙는다. 그녀와 함께 걸었던 들판의 발자국들도 눈에 덮여버렸다. 그는 엎드려 하얀 눈 위에 키스를 한다. 뜨거운 눈물이 한 방울 떨어진 자리, 더 외로운 발자국이 녹아 덜 외로운 발자국에게로 흐른다. 한없이 흐르는 눈물은 눈 위에 떨어지고 그의 고통을 목마른 듯 빨아들이는 눈은 녹아 그녀의 집 앞으로 흐른다. 그의 꿈도 따라 흐른다. 사랑의 말을 새겨놓고 기쁠 때나 슬플 때나 찾아가던 보리수나무 끝까지 밀리는 그의 꿈, 꿈속에서도 그의 꿈은 파랗게 저문다.

환상에서 깨어난 그가 휘청거리며 다시 길을 떠난다. 까마귀들의 울음 속에서 비정한 눈보라가 뿌려진다. 그렇게 뿌려지다 텅 비어버린 검은 새의 울음 속이 외롭다. 잘못 든 길의 깊은 바위틈에서 도깨비불이 유혹하는 대로 흘러 슬픔과 기쁨이 속죄의 바다에서 만나 조용히 서로를 두려워하기를… 그의 가슴은 발목까지 흘러내린다. 황량한 벌판엔 수취인도 없이 눈은 또 쌓인다. 그냥 쌓이기엔 너무 멀어 그의 발자국들이 끼리끼리 눈 위에 쌓이고 가까운 만큼 그만큼만 더 잊히는 길을 이틀은 기억해 내고 사흘은 돌아간다. 바람은 어디로 몰려가는 것일까. 사냥꾼의 오두막에 걸린 늑대 가죽이 윙윙 운다. 꿈을 꾸어야 해, 마구 자란 어둠이 잠을 뚫고 봄꿈은 상처로 자라 그를 따라오는 까마귀의 울음 속에 검은 한나절이 가득하다. 낯선 골짜기에서 그녀를 잊는 밤은 찬바람도 뜨겁다.

그의 겨울나무는 캄캄하다. 바람이 불면 나뭇가지들이 그 대신 깊은 상념에 잠기고 그는 치를 떤다. 눈은 발등에 쌓여 무덤을 만들고 그는 거기에 희망을 묻는다. 해가 진 지 오랜 시간, 사람들은 잠들고 꿈조차 잃어버린 그에겐 잠자리도 찾을 수 없다. 세찬 바람이 다시 분다. 갈기갈기 찢긴 하늘 사이로 조각구름들이 나부끼다 동쪽으로 떼로 몰려가서 찬란하게 죽는다. 아침 태양이 흘리는 빛을 그는 따라간다. 더듬어 찍는 발자국마다 수십 년은 썩은 기억이 고인다. 얼음과 밤과 공포의 저편을 기웃거리는 걸음도 적요롭고 편안하다. 하늘에 뜬 태양은 그를 비켜서 더 외로운 곳으로만 기우는데 길가의 이정표는 왜 그를 외면하는 것일까? 그는 이정표 옆에 선다. 미동도 없이 그가 가리키는 반대 방향으로 사람들은 떠나가고 돌아오지 않는다. 새들은 저무는 햇빛들을 주워 모아 허공에 보금자리 만들고 깃드는데 그가 쉴 곳에선 그가 믿는 신이 먼저 앓아 누었다. 가야 한다, 아무도 외롭지 않은 곳으로. 무정한 그의 지팡이는 조금 더 조금 더 외로운 곳으로만 그를 안내한다. 눈은 얼굴을 때리며 뭔가 말하려 하는데 노래로만 알아듣는 그에게 쏟아지는 눈은 권태로운 탄식일 뿐이다.

다시 내 어린 시절의 당산나무 아래 섰다. 오래된 기억 위로 떠오른 태양에서 쉰내가 난다. 지저분한 햇빛 아래 그가 노래를 부른다. 듣는 이는 아무도 없고 그의 빈 깡통 속엔 개들의 짖는 소리만 쌓인다. 곱은 손가락은 가난한 숲의 나뭇가지, 서로 엉겨 붙은 손마디 마디가 잘못 짚는 허전한 노래에서 찬바람이 빽빽하게 자란다. 가엾은 나그네는 내게로 오고 나는 그와 함께 그때 그 노래를 부른다. 그의 차가운 웃음이 내 뼛속으로 천천히 스며들어온다.

죽어서 천년을 사는 당산나무

강원도엔 소나무 당산나무들이 있다. 소나무는 신목(神木)으로서의 당산나무이기 전부터 시인 묵객들과 친숙한 나무다. 정선 소금강 몰운대엔 죽어서 천 년을 사는 소나무가 있다. 시인 박정대는 세상의 끝을 보려고 몰운대에 갔다가 사랑이 시작되는 또 다른 세상을 보았고, 이인평의 몰운대는 삶의 시작이고 끝이었다. 내가 몰운대에서 찾을 것은 무엇이고 잊어야 할 것은 무엇인가. 자동차를 몰아 정선으로 향한다. 백미러를 바라본다. 과거 속으로 풍경들이 느릿느릿 달아난다. 저 풍경은 세상에서 단 한 사람, 내게만 보이는 풍경이어서 아무도 들여다보지 않은 검은 골짜기이다. 때 늦은 성애는 서리고, 거대한 필름 원판 같은 차창에 나의 사생활은 현상되고 그리고 나는 오늘도 회개한다.

엔진에서 나오는 뜨거운 바람이 유리창을 지운다. 유리창 밖 엷은 구름이 나의 세계를 환히 들여다보고 내 몸 안엔 일기예보와는 무관한 여우비는 흩날린다. 비가 되지 못한 풍경으로 가는 방향 그대로 몰운대 시인의 세상의 끝을 향해 하오는 몰락하고 내가 더 뉘우쳐야 할 일이 있는 듯 바람은 사납게 앞 유리창을 때린다. 새로운 풍경이 스쳐 지나갈 때마다 차창은 그 모습을 기억하고 한 번 더 흐려진다. 자동차는 좀처럼 앞으로 나아가지 않는다. 과거의 기억은 미래를 담보로 오늘을 살아가는 사람들이 갚아야 할 이자처럼 시간이 흐를수록 불어나는 것, 가속기를 밟으면 나의 운명에 대하여 뭐라고 중얼거리는 자동차 엔진의 소음 속에 시간만 덜컹거리며 쌓여간다.

동강의 지류인 어천을 따라 올라간다. 강가엔 쪽배가 남기고 간 흔적이 떠 있다. 배는 물속으로 깊게 반영되는 제 그림자로 한 생을 견뎠을 것이다. 지금 배의 흔적이 고요하고, 강이 고요하고 물속으로 내려가는 산의 발등이 다시 고요한데 빗방울과 수면의 가장 연약한 곳이 부딪치는 경계에서 피어오르는 물 무지개 안으로 한세상이 잠깐 어두워지고 새 한 마리가 제 울음 속으로 날아오른다. 새는 발밑에 지천으로 널린 외로움을 외면한 채 더 깊은 고독의 공중 길을 떠간다.

산길을 걸어 몰운대로 올라간다. 걸음이 무릎 아래서 아무렇게나 흘러 다닌다. 다가서면 멀어지고 멈추면 우뚝 서는 몰운대, 하늘이 붉게 지고 있다. 나는 저 노을 속을 지나왔다. 나의 노을은 낯선 곳에서 조우하게 되는 불안하고 공허한 내 심리 상태의 한가운데에서 언제나 정형(定型)이었다. 어둠 속에서 한 줄의 빛을 필요로 하는 사람들의 심장을 두드리고 나뭇잎 끝에 이는 바람처럼 고요히 사라지는 것이어야 했다. 그 풍경의 막바지는 수백 년은 발아래 백 척의 암석을 경건하게 거느렸을, 남은 수백 년은 지전무(紙錢舞)의 무녀가 되어 자신의 넋을 씻겼을 고사목이다. 저 한 쌍의 노부부는 하늘에 떠 있는 죽은 나무의 영혼을 보고 있는 것일까. 저 영혼의 그늘이 섭정하는 한 세기를 이 땅의 노부부들은 뜨겁게 기웃거렸을 것이다. 생이 저문 뒤 자신들의 영혼이 날아갈 밤의 색깔을 저 노을로 가늠해봤을 것이다. 서쪽 하늘에 반달이 진다. 낮달의 빈방이 깜짝 붉은 구름으로 채워지는 저녁이 모질게 느껴지는 낯섦도 병이어서 오늘도 나는 요원한 봄의, 그 쓸쓸함의 좌표를 내 여행의 지도에 그려 넣는다.

정자나무와 쉼터

사람의 흔적과 자리를 바꾸고
사람을 향해
복받쳐 오르는 나무의 나이테
수십 년이 지나서야
그렁그렁 울음에 닿았군요, 그랬었군요

- 시 「외로움에 대하여」 부분

사람이 찾지 않는 정자나무 아래 저녁은 인기척으로 온다. 나무는 홀로 고독하다. 나무는 사람의 말로 중얼중얼 더 캄캄해지다가 눈물 같은 까만 열매들을 글썽인다. 이제 고독은 늙은 나무가 견뎌야 하는 인간의 영혼이 되어버렸다. 고독한 나무에게도 해마다 네 번의 계절은 찾아준 적이 있었다. 봄은 꽃들의 무시무시한 빛깔로 고독을 대신했고 여름은 폭풍우에 밀려가는 하늘빛으로 고독을 이야기했다. 가을은 소슬바람의 완벽한 서늘함으로 흠 없는 고독을 노래했고 겨울은 눈의 순백의 진실성으로 순수한 발자국 속에 고독을 간직했다. 이런 모든 것들은 시간의 골동품 속에서 일어났다. 모든 것이 효율성에 집중되고, 그 효율성에 의해 그들이 가진 모든 결점이 용서받는 현대 사회에서 일어나는 경멸스러운 일들과 그것을 바라보는 사람들의 증오에 대하여 고독은 대리 속죄하는 것이었다. 빠르게 변해버린 세상에 정자나무는 소란과 혼돈으로 지친 현대인들의 영원한 삶의 해설자로 남아있다.

어릴 적 새로 이사 간 동네의 당산나무는 왕팽나무였다. 당산나무라기보다는 정자나무였다. 느티나무는 귀신이 깃든 괴목(槐木)이어서 생기 보단 죽음의 기가 더 많은 나무다. 느티나무로 불을 때서 밥을 지어 먹으면 사람이 죽거나 그 아래서 잠을 자다가 횡사를 당하기도 했다는 이야기들이 전해 내려와 마을의 쉼터나 아이들의 놀이터로 이용되는 정자나무는 팽나무가 많았다. 500살도 더 된 팽나무는 어찌나 키가 크고 그늘이 넓었던지 온 동네 사람들이 그 아래 들어가고도 남았다. 팽나무는 남은 한 귀퉁이를 낯선 사춘기 소년에게 은밀히 내주었다. 팽나무에서 뻐꾸기가 울면 한나절이 추억으로 퇴보하는 날들은 흘러가고 나는 낯섦에 대하여 차츰 익숙해졌다. 여기선 외롭다 말하는 것이 아니었다. 과거로 쓰러진 어느 테러리스트처럼 산 그림자 속에 숨어있다 해가 지면 슬금슬금 내려와 스스로 외로움에 점령당하는 것이었다. 수십 년이 지나 그때 그 자리에 다시 서서 기억 당하는 것들에게 질서를 부여하고 나는 한 번 더 퇴보한다.

팽나무는 근심의 예언자이기도 했다. 봄에 팽나무 가지들이 일제히 새싹들을 내밀면 그 해엔 풍년이 들고 그렇지 않으면 흉년이 든다고 어른들은 믿었다. 팽나무가 해거리를 하면 읍내 약방엔 월경이 불순한 여인들이 드나들었고 오래된 나뭇가지의 껍질이 붉어지거나 벗겨지면 동네 노인들이 담마진을 앓았다. 어린 가지를 땅 가까이 낮게 벋어 지나가는 소녀들을 엿보면 어른들은 가지를 잘라버렸다. 그래도 팽나무는 인간세계가 그리운지 동구 밖에서 마을 쪽으로만 새 가지를 뻗고 해마다 다닥다닥 팽이 열렸다. 아이들은 딱총을 만들어 익지 않은 팽을 따 하늘로 팽팽 쏘아 올리고 여름의 태양은 사람의 머리 위에서 까맣게 익어갔다. 그리고 태양에서 다디단 팥 강정 같은 냄새가 났다.

팽이 익을 무렵 새들이 날아들었다. 새의 울음도 익어 팽보다 먼저 나무에서 떨어졌다. 나무를 올려다보면 구름의 뿌리 끝에 빗방울들이 여물었다. 그때 보았을까, 빗방울을 삼키고 제 울음을 앞세워 후두둑 하늘에서 뛰어내리는 새들을. 나는 까맣게 떨어진 새들의 뼈로 하루의 운세를 아프게 읽었다. 그런 날은 학교에 가지 않고 무전여행을 떠났다. 버스의 운전기사는 죄다 친구의 아버지들이었으므로 운세를 잘 못 읽은 거였다. 집으로 돌아갈 그때의 명분을 만들기 위해 나는 회초리나무가 늘어선 개울가를 지나 사시나무 언덕을 떨면서 넘어왔다.

정자나무는 이승을 떠나는 망자가 마지막 들르는 곳이기도 했다. 할아버지도 이 정자나무 아래서 이승과 마지막 인사를 나누고 떠났다. 한 사람의 생애는 그저 이루어지고 끝나는 것이 아니다. 자연에서 잠시 빌린 생은 죽음으로 갚지만 갚지 못하는 것은 세상으로부터 받은 사랑이다. 다만 그리움이란 약간의 이자를 남겨놓고 갈 뿐이다. 상여가 팽나무를 몇 바퀴 돌 때 나의 눈에도 눈물이 몇 차례 돌았다. 구슬픈 앞소리를 어린 내가 알아들어서가 아니라, 늙은 요령꾼의 가래 많은 목소리에서 할아버지가 나고 자란 고향의 바다와 강의 물소리가 끓고, 한참이나 깊이 들어간 그의 눈 속의 반은 해 뜨고 지는 그곳의 지평선이었고, 나머지 절반엔 고향의 누추한 골목 불빛이 미끄러져 들어와 글썽였기 때문이었다. 상여가 돌아가는 팽나무는 할아버지와 몇 해 밖에 함께 하진 못했어도 사람을 향해 한 금 나이테가 복받쳐 오르고 눈물 같은 열매 떨어뜨렸다. 어둠 속에서 나무를 다시 쳐다본다. 가지 사이로 별들이 반짝인다. 별들은 잊힌 얼굴들이다. 건너 마을 회관의 밝은 불빛 속으로 나 홀로 추방당하지 않기 위해 그동안의 안부를 하나씩 가물가물 물으며 어둠 속으로 섞여 들어간다.

은행나무

헛것을 만지는 눈빛이 뭉툭
닳아 패인

동그란 구멍

그렁그렁, 은행알들이 고였다

- 시 「은행을 줍는 노인」 부분

노인은 은행나무 아래서 땅에 떨어진 은행을 줍고 있었다. 아무도 줍지 않는 은행알들을 줍고 있었다. 길바닥에 떨어진 은행알에서 악취가 났다. 자세를 낮추어 은행알들을 줍는 노인에게서도 냄새가 났다. 바람이 불었다. 은행과 노인의 냄새가 섞였다. 은행나무와 노인은 자신들의 반쪽을 세상과 바꾸고 세상의 역겨운 냄새를 남은 몸뚱이 속에서 각각 삭이고 있었던 것이다. 사람들은 은행나무와 노인 앞에서 겸손해졌다. 다시 찬 바람이 분다. 노인의 검은 비닐봉지는 공중으로 날아오르고 은행잎들은 쌓인다. 나란히 쌓인 은행잎 아래로 노란 길이 흐른다. 그 길 위에 가만히 서 본다. 길이 나를 데려가는 곳, 그곳에 작은 은행나무 한 그루가 수줍게 서 있다.

초등학교 시절 외따로 떨어져 있는 우리 교실 앞에 서 있던 어린 은행나무다. 그때 내게 가을은 그 은행나무로부터 왔다. 내 손바닥만 한 은행잎들이 가을이 되면 노란색으로 변해가는 것이 참으로 신기했다. 수업 중 물끄러미 창밖 은행나무를 바라보다 문득 고개를 돌리면 선생님의 얼굴도 아이들의 얼굴도 모두 노란색이었다. 아침 일찍 다른 아이들보다 먼저 은행나무에게로 달려가면 금방 찍어낸 지폐 같은 금빛 은행잎 몇 장이 머리 위로 떨어졌다. 은행잎들을 책갈피 사이에 소중하게 간직했다. 숙제하다 잠들면 허기진 꿈이 세상으로 넘쳐흘러도 한 장의 은행잎도 소비하지 않았다. 세월이 오래 흘렀어도 은행잎들은 내게만 우수수 떨어진다. 수많은 사람들이 저 나무 밑을 기웃거렸어도, 나무는 아무에게도 정을 주지 않았어도 또 바람은 분다. 단풍을 따라가는 사람아, 사람아 이젠 누구를 기억할 수 있을까.

은행나무는 오래 사는 나무로 알려져 있다. 신생대 시대부터 수억 년 지구상에 존재해 온 은행나무는 살아있는 화석으로 불린다. 느티나무나 팽나무, 회나무에 비해 훨씬 장수하는 수목이지만 당산나무로 모셔지는 은행나무는 없다. 나무가 가지고 있는 독성으로 인해 신이 접하지 못하는 것은 아닐까. 그러나 그 우람

한 크기와 넓게 드리우는 가지, 촘촘하게 돋아나는 넓은 잎사귀들은 여름의 뜨거운 햇볕을 한 방울로도 흘리지 않아 어른들의 쉼터나 아이들의 놀이터로서의 정자나무로 남아있는 은행나무들을 흔히 볼 수 있다. 아름다운 수형과 가을의 노란 은행잎은 풍치수로서도 각광을 받아 가로수로 많이 심어졌다. 그러나 익은 열매의 껍질에서 나는 겸손한 냄새로 도심의 가로수 은행나무들이 홀대받는 요즘이다. 은행은 기관지 천식에 좋다 하여 예부터 약용으로 애용되었을 뿐 아니라 배고팠던 시절 좋은 간식거리이기도 했다. 배고픔과 뜨거운 햇볕으로부터 사람들을 구원하던 맑은 은행잎에 비친 인간의 모습은 어떤 것일까.

키가 삼십 미터 이상이나 되고 몸통의 둘레가 어른 대여섯 명이 손을 펼쳐야 껴안을 수 있는 거대한 은행나무들이 우리나라에도 많다. 수령이 일천 년 넘는 것들도 있다. 이런 은행나무들을 자세히 보면 줄기 가운데는 비어 있고 원뿌리에서 새로 자란 나무들이 원줄기를 에워싸고 있는 모습이다. 마치 자식들이 부모 나무를 감싸고 있는 것 같아서 은행나무를 효자나무라고도 한다. 신라 마의태자가 심었다는 용문사 은행나무는 가운데에 왕을 둘러싸고 신하들이 호위하고 있는 형상이다. 가을에 샛노란 은행잎이 땅에 떨어져 수북이 쌓인 풍경은 황금 의상을 벗어 던진 채 다가오는 매서운 계절과 맨몸으로 맞서고 서 있는 비운의 왕자의 그것이다. 여주 신륵사 은행나무는 가운데의 죽은 원줄기가 기도하는 관음보살을 닮았다. 누군가 일부러 조각해놓은 것처럼 보인다. 세상의 풍상에 삭고 썩은 어미 은행나무가 어린나무들을 위해 속죄의 기도를 올리고 있는 것은 아닐까.

당산나무, 동구나무, 정자나무, 사장나무 등은 우리 고장의 지킴이로, 역사의 증인으로, 쉼터로, 놀이터로, 인간사의 미메시스로 때론 우리들의 표상으로 늘 가까이 있어왔다. 그러나 물질문명이 시대를 지배하고 우리의 정신마저 서양의 문화에 동화되어버린 지금 이들은 설 자리를 잃어버렸고 기억에서조차 점점 사라지고 있다. 당산나무 아래를 지날 때 돌무더기에 돌 하나 얹어놓음으로써 하루의 안위를 보장받는다는 믿음은 교육 수준의 향상과 의학의 발달, 종교의 배타성을 넘어 소비된 과거와 미래의 불확실성 사이의 타협으로 존재할 것이다. 그 타협의 주체는 다양한 변화 속에서도 변하지 않는 추억이다. 화려한 거리 어딘가에 숨어있는 우리 전통 풍경의 임무는 이상과 혼란 사이에서 이 추억의 힘으로 사회적 정신의 유토피아를 건설하는 일이다.

살구나무

살구꽃이 졌다

떨어진 꽃잎은 잊혀졌지만 꽃 진 자리는
점점 자라서, 아이 울음만큼 자라서
직박구리가 목이 쉬어 떠났다, 가서는

다시 오지 않았다

새가 앉았다 간 자리를 쳐다보아도
아무리 쳐다보아도

꽃잎을 쉬이 잊은 일에 대한 치밀한 반성이나
가책 말고는 달리

설렐만한 일은 없었으므로

살구꽃 사진을 침실에 걸어두고 물끄러미
쳐다보곤 했다

- 시 「꽃이 지는 일」 부분

우리 집 살구나무엔 직박구리가 종일 울었다. 직박구리는 참새보다는 크고 까치보단 몸집이 작은 우리나라 텃새다. 남도 지방에선 삔치라 불리기도 한다. 온몸이 잿빛이고 눈도 작아 볼품이 없는 데다가 목소리까지 시원치 않은 새여서 못난 아이를 보면 삔치라고 놀렸다. 예쁜 새들은 살구나무를 찾지 않았다. 시커멓고 두꺼운 껍질이 덕지덕지 갈라 터진 줄기에 제멋대로 헝클어진 가지는 새들의 눈에도 촌스럽게 보였을 것이다.

낙엽 진 살구나무는 을씨년스러웠다. 언제 어디서 왔는지 직박구리 한 마리가 살구나무를 껴안은 채 겨우내 캄캄했다. 추운 칼바람이 새의 살 속을 파고들면 나무는 뼛속으로 바람에 저항하고 내부부터 멍들어갔다. 살구나무를 잘라보면 두꺼운 표피 안에 보라색으로 멍든 내피가 속을 감싸고 있는 것을 볼 수 있다. 소박한 나무는 자신을 진정 알아주는 새를 오랫동안 기다렸을 것이고 새는 자신을 받아주는 살구나무를 닮아갔다. 살구꽃은 한꺼번에 피지 않았다. 봄이 오면 새는 각혈하듯 나무를 위해 울었고 새가 울 때마다 살구나무는 핏덩이 같은 꽃송이를 터뜨렸다. 꽃이 다 피면 직박구리는 목이 쉬어 떠났다.

살구나무는 우리와 가장 친근한 과일나무였다. 예전엔 전국 어디를 가던 한 집에 한 그루쯤은 볼 수 있었다. 홍난파의 노래 고향의 봄의 '복숭아꽃 살구꽃 아기 진달래'에서 알 수 있듯 살구꽃은 고향의 꽃이었다. 복숭아나무는 귀신을 쫓는 나무라 해서 조상에 대한 제사를 지내는 우리나라에선 집 안에 심는 경우가 드물었고 집 안에 있다 하더라도 키가 크지 않아 눈에 잘 띄지 않았다. 그러나 살구나무는 지붕보다 훨씬 높게 자라서 봄이면 동네를 꽃으로 덮었다. 꽃이 피면 인심도 함께 후끈 피어올라 사람이 꽃인지 꽃이 사람인지 마을은 해가 져도 온통 환했다.

두꺼운 연분홍 꽃잎이 수더분하게 벋은 가지에 옹기종기 모여 피는 것이 우리네 누나 여동생 같은 서민의 꽃이어서 살구나무가 있는 초가집은 한 폭의 그림이었다. 살구나무와 비슷한 매화나무는 곧게 뻗은 가지와 꽃잎이 얇고 그 빛깔이 맑은 귀족적인 수형으로 인해 선비들이 사랑했고 기와집과 잘 어울렸다. 나는 봄이 오면 옛집의 살구나무가 그리워 어릴 때 떠나온 고향을 찾곤 한다. 우리 집의 커다란 살구나무도 앞집 살구나무도 뒷집 개살구나무도 보이지 않고 초가집들도 없어졌지만 그 자리에 그대로 있을 것 같아 치매 걸린 늙은이처럼 다시 내려간다. 지금은 남이 살고 있는, 낯설게 변해버린 옛집 사진을 찍어 와서 물끄러미 바라보면 초점 잃은 눈 안에 살구꽃이 환하게 핀다.

낮은 초가지붕을 보듬듯 서 있는 살구나무는 보릿고개를 힘겹게 넘는 가난한 서민들에게 들큼한 그늘을 깔아주고 허기진 배를 달래주었다. 살구가 익을 무렵이면 쌀독들은 비어갔으나 밭보리 논보리는 아직 푸르렀다. 집집마다 가마솥에선 풋보리가 익어가고 빈자(貧者)들의 살구나무는 밥 냄새를 풍겼다. 위나라 조조가

촉국(蜀國) 유비와의 적벽대전에서 대패하고 화룡도로 쫓겨 넘어갈 때 배고픔과 갈증에 기진한 군사들의 발길을 고개 너머 살구나무로 재촉하는 이야기가 삼국지에 나온다. 군사들은 시큼한 살구를 생각하며 입안에 침이 돌고 힘이 났던 것이다.

박수근 화백의 그림에도 살구나무가 자주 등장한다. 지금은 수억에서 수십억을 호가하는 그의 그림이지만 지독히도 가난했던 화가는 자신의 그림과 보리 한 말을 바꾸곤 했다. 늘 배고팠던 그는 살구나무를 그리며 허기를 가라앉혔는지 모른다. 나는 우리집 살구나무에 살구가 익기도 전에 나무에 올랐다. 살구나무는 어찌나 키가 컸던지 가지에 걸터앉아 내려다보면 동네가 내려다보이고 신작로까지 다 눈에 들어왔다. 한나절이 가도록 신작로를 바라보면 길이 돌아가는 서쪽 산모롱이 끝에 살구알 같은 해가 가물거리고 내 얼굴도 누렇게 떴나. 그리면 어느덧 살구가 노랗게 익었다. 응원하는 팀은 아니지만 살구 아재란 별명을 가진 모 야구단 감독을 볼 때마다 친근한 느낌이 드는 것은 그 시절과 수십 년을 떨어져 있어도 내 추억의 유전자 하나가 노란 살구색이기 때문이다.

살구나무는 마을뿐 아니라 학교 뒤뜰에도 한두 그루는 있었다. 오래된 학교일수록 커다란 살구나무가 있었다. 우리 학교에도 교장 선생님 나이만큼 오래된 살구나무가 학교 뒤편에 있었다. 살구가 익으면 무서운 교장 선생님 외엔 아무도 살구나무 근처에 갈 수가 없었다. 어느 월요일 아침 옆 짝꿍 명희가 내게 살구 하나를 가만히 내밀며 말했다. '너 혼자 몰래 먹어' 살구 골처럼 살짝 보조개가 들어간 아이의 뺨이 수줍게 붉어졌다. 1교시 도덕 수업이 시작되고 선생님의 걱정스러운 말씀은 이어지고, 첫 시간이 끝나 갈 무렵 배가 아프다고 아이들이 여기저기서 신음하기 시작했다. 선생님 말씀은 살구나무에 농약을 쳤다는 거였다. 그날 아침 일찍 등교하여 살구를 딴 아이들은 선생님의 거짓말에 그만 들통이 나고 만 것이다. 그렇지만 나는 배가 아프지 않았다. 선생님은 해독제라면서 소화제를 한 알씩 범인들에게 주었고 어느 날 갑자기 살구가 한 알도 없이 사라질 때까지 아무도 살구나무 아랜 가지 않았다. 그리고 명희는 그 해가 가기 전에 도회지로 전학을 갔다.

동네에서 젤 작은집
분이 네 오막살이

동네에서 젤 큰 나무
분이 네 살구나무

밤사이
활짝 펴올라
대궐보다 덩그렇다

- 정완용의 시 「분이 네 살구나무」 전문

우리네 살구나무와 함께 분이 네 살구나무는 초등학교 교과서에서 사라졌다. 집들이 개량되고, 골목길이 파헤쳐지고, 살구나무는 다시 심어지지 않았다. 배고프던 그 시절과 먹을 것이 흔해진 요즘의 대비의 명시도는 뚜렷하다. 그러나 그보다 더 높은 명시도는 인간 의식의 파괴와 변형에서 온다. 해마다 살구꽃이 피면 내 가슴에도 바람꽃이 피어 카메라를 메고 살구나무를 찾아 전국을 헤맨다. 살구나무에 대한 나의 사랑의 유효기간은 언제까지일까.

섶다리

> 삐걱거리는 다리(足)는 나무의 전생이다
> 만져보면 죽은 나무의 영혼이 떠올랐다
>
> \- 시 「몰운대」 부분

영월 선암마을 한반도는 아직 눈 속에 고요하다. 3월이 가까워져 오지만 봄의 소식은 멀다. 이따금 강의 얼음 풀리는 소리가 '쩡-' 산골의 정적을 깬다. 고요의 껍질을 뚫고 눈을 내미는 버들 위로 벌판은 쌓이고, 벌판은 어디까지 하얗게 물들어가다 누구의 핏줄을 시름시름 돌아오는지 사람의 한나절이 산의 그림자 안으로 쓰러진다. 그림자 안에서 서성이는 나무들은 내일의 비밀을 가지 끝에 숨긴 채 자꾸만 오늘 쪽으로 휘청거린다. 그렇게 3월은 2월 안에서 상처로만 자라 언제 울컥 붉은 비명을 토해낼 것인지 겨울새 한 마리가 제 울음 속을 서럽게 떠간다.

강가엔 쪽배 하나가 고요하다. 배가 물속으로 깊게 내린 고요 속에는 버려진 시간이 한가하게 휘었다. 강으로 내려온 산의 기슭은 저 배의 시간 속에서 수평을 깨달을 때까지 굴곡의 법칙을 익혔을 것이다. 배 안에 쌓인 눈 위에 또박또박 찍힌 작은 하늘 짐승의 발자국으로 강은 염세의 동안거를 하루는 기억하고 며칠은 잊었다. 어제도 오늘도 강과 산과 하늘의 삼거리에서 봄을 그리워하는 물 그리매는 엷어지고, 엷어진 만큼 바람은 반도의 이쪽과 저쪽에서 서로 다른 넓이로 정처 없다. 문득 환청인 듯 칭얼대는 시냇물이 나를 유혹하기도 전에 진달래 피어나는 소리를 강에서 듣는다. 강 위에 걸쳐놓은 섶다리 아래엔 봄눈이 녹아 흐른다.

지금 저 연약한 나무다리를 휘감는 강물은 그 옛날 쫓겨 간 어린 임금을 따라 아무 일도 일어나지 않은 시대를 흐르고 흘렀을 것이다. 흐르다 몇 물살 뒤로 물러나는 것이 강의 눈물이라면 강 건너간 누군가의 이름을 부르며 돌아볼 때 뼝대의 물속 정강이도 한 금 퍼렇게 멍이 갔을 것이다. 조선의 숙종 임금은 그렇게 영월의 섶다리를 건너 장릉을 참배했다. 삐걱거리는 다리를 건너 나무의 전생까지 건너오는 길엔 깨끗한 숲이 울창하다. 한시적 운명을 향해 머뭇거리는 풍경의 막바지는 아, 그리운 고향, 하늘에 반달 떴다.

날이 풀리는 계절 아버지는 새벽 일찍 일어나 낫을 갈았다. 낫날이 숫돌 위에 퍼렇게 서면 우리 집 지붕 위로 서슬 퍼런 달이 떠오르고 추녀의 그림자는 아버지의 등 위에서 어룽거렸다. 빨랫줄에 걸린 식구들의 헌 옷에선 해가 뜨기도 전에 아버지의 어깨가, 어머니의 팔이 흘러내리고 온몸이 흐른 다음은 한 방울로 멀어지는 목숨 자리는 우리 일곱 남매가 참아야 할 눈물이었다. 앞산의 뻐꾸기는 봄이 다 가도록 우리 집 식구의 슬픔을 빌려 울고 텃밭의 풋보리에선 비릿한 눈물 냄새가 났다. 몇 개의 낮과 밤으로 찢긴 아버지의 무참한 하루를 저기 저 반달은 까맣게 잊고 있는 것은 아닐까.

추억

책임은 내가 진다

"기사님, 그냥 출발하세요, 내가 책임질 테니…."
손을 툭툭 털며 사내는 소리쳤다. 버스는 사바나 초원의 사자가 막 쓰러트린 먹이를 발아래 짓누르며 그르렁거리듯 부르릉부르릉 엔진 소리를 높였다.

추석 전날 광주발 장흥 회진 행 금성여객 완행버스 안은 사람과 짐들로 만원이었다. 자동차는 이따금 이유 없는 급브레이크를 밟으며 승객들을 뒤쪽으로 밀어붙이고 사람들을 태웠다. 발 디딜 틈도 없이 서로 몸과 몸뚱이들을 비스듬히 의지한 채 고개 숙인 머릿속엔 저마다 고향 생각이 여물고, 긴 목을 뽑아 올려 유리창 안을 들여다보는 가을 들녘의 키 큰 벼와 붉은 수수 머리는 고향 문밖에서 자식을 기다리는 어머니 아버지들이었다.

남으로 남으로 달리던 버스가 영산포역에서 한 무리의 사람들을 태웠다. 버스 안은 옅은 분 냄새와 포마드 냄새가 퍼지고 사람들의 시선은 갓 시집온 새색시 같은 여인과 새 양복이 어딘지 어울리지 않는 짧은 머리의 사내에게 쏠렸다. 일행으로 보이는 불량 수캐 같은 젊은이 몇이 술 냄새를 풍기며 사람들을 밀치고 접근했다.

그들은 여자를 놀리며 깔깔거리고 그녀의 머리를 잡아채기도 했다. 신랑으로 보이는 사내는 건장한 체격을 가졌지만 눈길 한 번 돌리지 않고 가만히 서 있을 뿐이었다.

차가 영암 장흥의 경계인 덤 재를 구불구불 오르며 이리저리 흔들릴 때 그들의 장난은 더 심해졌다. 일부러 여자를 향해 쓰러지며 껴안아도 신랑은 묵묵히 창밖을 내다보고만 있었다.
버스 안이 술렁이고, 할아버지 한 분이 소리쳤다. 불량 청년들과 가만히 서 있는 그녀의 남편을 향한 분노였다.
십 대 학생인 나의 속에서도 뭔가 끓어올랐으나 두려움이 검보다 나를 깊게 베었다. 계속되는 그들의 만행을 바라보며 나는 눈으로 숨을 쉬고 몸속에선 뼈와 살이 피 터지게 싸우고 있었다.
내가 잘못한 것은 아무것도 없었지만 모든 것이 분명 잘못되어 가고 있었다.

유치면 소재지를 지나고 한결 가벼워진 버스는 장흥읍을 향해 비포장도로를 털털거리며 달렸다.
불량 청년들은 싫증을 느꼈는지 모두 자리에 앉아 졸기 시작했다.
빙재를 오르기 전 조그만 마을 앞에 차가 섰다.

옛날 나주 목에서 손님이 오면 장흥 부사가 이 재를 넘어 관아 손님을 맞이했다 해서 예를 갖춰 찾아갈 빙(聘) 자를 넣어 빙재라 불렀다. 그랬다, 빙재는 불량 청년들의 운명을 맞을 준비를 하는 듯 가혹한 검붉은 그림자를 길 아래까지 길게 깔고 버스는 그 위에 천천히 섰다. 새색시가 먼저 치맛자락을 올려 잡으며 조심조심 내리고 특별한 오후의 풍경 속에 확고한 발자국을 찍는 신랑, 그것은 힘의 근엄함에 대한 맹목적 맹신적 추앙이 아닌 곧 일어날 일에 대한 자신만의 냉철한 평가였다.

여자에게 젊은이들은 낄낄거리며 손을 흔들었다. 신랑이 내리며 기사에게 잠시만 기다려 달라했다. 촌티 나는 신랑은 창밖을 내다보며 실실 웃는 불량 청년 들에게 내려오라 손짓을 했다.
"어라~저 촌놈이…?!"
문가에 앉아있다 건들거리며 내린 청년이 비명도 없이 차 밑으로 고꾸라져 뻗었다. 나머지 세 명의 불량 청년들은 돌투성이 신작로 바닥에 차례로 내 뒹굴고 사내는 그들을 차 밑으로 차 넣었다.
"기사님 그대로 출발하세요, 책임은 제가 집니다."
촌티 나는 신랑은 다시 버스 기사에게 말을 하고는 옷을 툭툭 털며 동네를 향해 걸어가고 새색시는 종종걸음으로 뒤따라갔다.

이 모두가 순식간에 일어난 일이었다.
넘어가는 해를 등지고 걸어가는, 감정에 의해 흐려지지 않는 사내의 걸음은 형언할 수 없는 윤리적 기량이었다.

경전선

늙은 의사가 힐책하듯 흉부 사진을 내걸었다
검은 골짜기마다 달이 뜬 흔적
달이 지면 깜깜한 골짜기는 훤히 보일 것이고
달빛이 내다 버린 몇 년이 거기 얼룩졌을 것이고
얼룩 아래는 남은 몇 년이 더 텅 비었을 것이니
그림자로 기척 없이 진찰실을 나왔다

더 이상 낯설지 않게 풀풀 걸음은 날려서
발자국이 찍히지 않는 나는
살아서 바람이었을까
의사의 처방처럼 알 수 없는 시간표 안에서
날아오르는 비둘기호, 그땐
열차에서 왜 상한 눈물 냄새가 났을까
채 마르기도 전에 남겨진 것은 얼룩진 세월과
텅 빈 시간의 틈새,
아득히 비둘기 떼 나부끼는 온몸
그리운 하루일 때
가슴까지 흘러온 것은 다시 만월
인정하고 싶지 않은 만큼의 깊숙한 달빛에

통통 불은 몸뚱이를 여러 겹 벗겨내어
그곳에 아직 나는 연서를 쓰고 있었다.
두근두근, 흰 알약 같은 달이 유혹하는 것 같아서

- 시집 『바람의 색깔』 「경전선」

X선 사진 속 나의 폐는 구멍이 숭숭 뚫려 있었다.
나의 20대 젊은 시절은 지친 삶의 연속이었다.
잠자리에 들면 늘 아침에 깨어나지 않기를, 꿈속을 헤매던 영혼이 내 얼굴을 다시 찾지 못하기를 빌었다. 병원을 나와 거리를 걸었다. 바람이 등을 밀었다. 죽은 시대가 다시 밀었다. 누군 콩알만 한 가슴의 구멍 하나로 청춘이 졌는데 나는 목구멍 하나로 새빨간 동백꽃들을 피우고 있었다.

발걸음이 향한 곳은 나의 의지와는 관계없이 자주 다니던 도청 옆 고전 음악 감상실, 시간이 이른 감상실 안은 오전 청소 중이었다. 나의 얼굴을 살피던 종업원은 음반을 하나 꺼내 턴테이블에 올렸다. 지하 깊숙한 곳으로부터 각혈하듯 우울한 탄식의 덩어리가 솟아 나오고 나의 창백한 볼엔 뜨거운 눈물이 흐르고 있었다.

라흐마니노프 피아노 협주곡 2번, 블라디미르 아쉬케나지의 데카 음반이었다.

음악실에서 나와 남광주역을 향해 걸었다. 미지의 세계를 여행하는 기분으로 한 번도 타보지 못한 부산행 경전선 비둘기호 열차에 올랐다. 차가운 차창엔 하얀 낮달이 꾸벅꾸벅 따라오고 열차의 심장은 내 동그란 박동 하나로 끊임없이 뛰고 있었다.

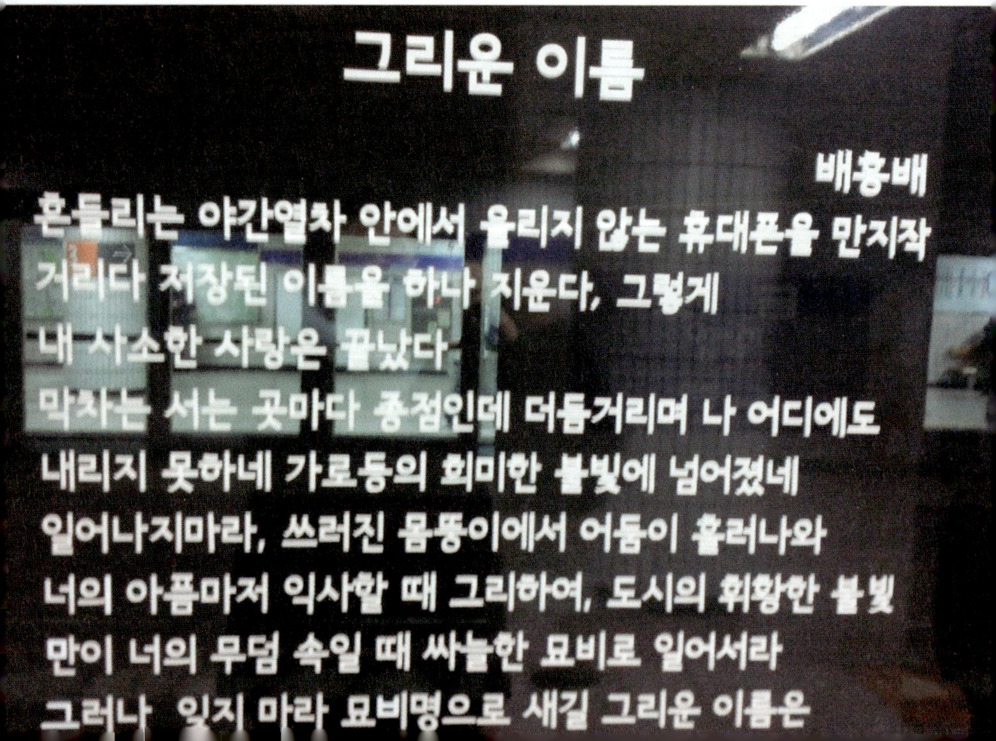
그리운 이름
배홍배
흔들리는 야간열차 안에서 울리지 않는 휴대폰을 만지작
거리다 저장된 이름을 하나 지운다, 그렇게
내 사소한 사랑은 끝났다
막차는 서는 곳마다 종점인데 더듬거리며 나 어디에도
내리지 못하네 가로등의 희미한 불빛에 넘어졌네
일어나지마라, 쓰러진 몸뚱이에서 어둠이 흘러나와
너의 아픔마저 익사할 때 그리하여, 도시의 휘황한 불빛
만이 너의 무덤 속일 때 싸늘한 묘비로 일어서라
그러나 잊지 마라 묘비명으로 새길 그리운 이름은

남열이 이야기

비가 많이 와서 큰물이 나면 우리 아이들은 신이 났다. 마을 앞 신작로까지 차오르는 벌건 홍수엔 별것이 다 떠 내려왔다. 윗동네 배고픈 집의 뚱뚱한 돼지와 어느 외딴집의 가련한 솥단지, 게으른 부잣집의 보리베늘도 떠내려왔다. 물이 조금 잦아지면 아이들은 냇가의 상류로 올라가 급한 물살을 타고 내려왔다. 놀이기구가 없던 시절 급류는 아이들에게 특별한 놀이터였던 것이다. 동네 어른들은 쫓아가며 뛰어가며 아이 이름을 부르고 앞산은 근심스러운 듯 한참이나 지나서 메아리를 되돌려 주었다.

그 아이들 중엔 아무도 이름을 불러주는 이가 없는 아이가 있었다. 김남열, 나와 나이가 같은 떠돌이 아이였던 남열이는 우리 집에서 지내면서 소를 먹이는 일을 했다. 그는 명랑하고 활발하고 부지런했다. 밤이면 나는 그에게 한글을 가르쳐주었다. 14살이 되도록 학교를 가 본 적이 없고 성도 모르는 아이는 동네 형들하고도 잘 어울렸다.

한여름 점심 후에 동네 아이들은 앞 냇가로 달려가 수영을 하며 놀곤 했다. 강보다는 작고 보통 시내보단 큰 앞 내엔 어른의 키가 넘는 수영 터가 있었다. 남열이는 동네 형들의 놀잇감이었다.

수영을 하지 못하는 아이를 형들은 물 가운데로 끌고 가서 혼자 놓고 나왔다. 남열이는 소리도 지르지 못하고 꼴깍꼴깍 허우적거리고 나는 울부짖었다. 그가 지쳐 가라앉으려 하면 형들은 들어가서 꺼내오고, 그때마다 아이는 냇가에 앉아 소리소리 울고, 그러면서 그의 수영 실력은 늘어갔다.

어느 여름 무서운 태풍이 불었다. 냇물은 우리 집 마당까지 차오르고 우리는 신이 나서 물 구경을 나갔다. 송아지 한 마리가 둥둥 떠내려오고 있었다, 사람들은 안타깝게 바라보기만 할 뿐이었다. 그때 남열이가 무서운 냇물로 뛰어 들어갔다, 송아지까지 헤엄쳐 간 그는, 수영이 서툰 남열이는 더 이상 할 수 있는 일이 없었다. 아이는 송아지를 붙잡고 출렁출렁 떠내려가는데 사람들은
"남열아 남열아…."
애타게 부르는 것이 전부였다. 아무도 걱정해서 자신을 이름을 불러주는 사람이 없었던 남열이는 처음으로 자신의 이름을 뒤로 한 채 하염없이 떠내려갔다.

그날 저녁 늦게 그는 돌아왔다. 세상에서 없어진 줄 알았던 그가 왔다, 온몸이 긁힌 상처로, 그리곤 내게 기타를 쳐달라고 했다. '울고 싶은 인생선'을 부르며 그는 밤새 울고, 나는 손가락에서 피가 나도록 기타를 뜯었다. 그러다 어렴풋이 잠이 들었고 아침에 깨어나니 남열이가 없었다. 바람에 너덜너덜 뚫린 창구멍에서 축축한 햇살이 눈물처럼 흘러내리고 있었다.

작별의식

"오늘 오후에 시간 있나…?"
한참 잊고 있었던 친구에게서 전화가 왔다.
중 고등학교 시절 늘 같은 반이었지만
동창 모임 말곤 따로 만나는 사인 아니었다.
"밥이나 한번 먹자고…."
그의 목소리는 안개 속에서 들리는 듯했다.
나올 때 카메라도 가져오라고 했다.

코로나 때문에 4년여 만에 보는 그는
무척 수척해 보였다.
학창 시절 소 눈 이란 별명을 들을 만큼
커다랗고 맑은 눈망울을 가진 친구였다.
늘 조용히 성실했고 공부도 잘해서
대학을 나와 좋은 직장에서 정년퇴임을 했다.
식사를 하면서 그가 내는 목소리는
인간 내면의 세계에 대하여 떠올리게 하고,
그의 언어는 현재의 순간을
대단한 감사의 마음을 가지고 돌아보는 듯
낮고 회고적인 울림 속을 맴돌았다.

식사를 마치고 근처 공원을 잠시 걷다가
피곤한지 그가 벤치에 앉자고 했다.
그리고 상반신만 나오게 찍어 달라 했다.
카메라의 망원렌즈는 그의 얼굴을
자연의 오리지널 언어로 읽고
LCD창은 그에게서 뭔가 빠져나간 것 같은
추상적 화면으로 해석했다.
나는 마음을 열고 몇 번 셔터를 닫았지만
사진 속에서 그와 깊은 영적인 만남을
갖는 듯 내 카메라의 뷰화인더는 어두웠다.

촬영을 마치고 힘에 겨워 보이는 그가
호주머니 속에서 조그만 병을 꺼내
하얀 알약 하나를 혀 밑에 밀어 넣었다.
나도 심장이 좋지 않아
비상시를 위해 혈관 확장제를 가지고 다닌다.
그런 약이냐 물으니 피식 웃으며
고개를 끄덕이는 친구의 등 뒤 울타리에
핀 빨간 장미꽃들이 바르르 치를 떨었다.

"보통 하루에 한 번 먹는데
요즘엔 세 시간 마다 먹는구만…."
그때 난 알았어야 했다, 그의 말에
어린 꽃들이 그토록 아프게 떨던 이유를.
일주일이 지나 비가 세차게 퍼붓던 날
문자 메시지가 떴다,
친구가 하늘나라로 갔다고.
그가 급성 혈액암을 앓았던 게 알려졌다.
그때 그가 혀 밑에 넣었던 것은
진통제였다는 깃을 뒤늦게 알았다.
친구는 23년 3월 초 불치의 판정을 받고
조용히 옛 친구들을 만나
이승의 이별을 준비했던 것이다.

그와 만나 사진을 찍던 그곳으로 갔다.
그가 앉았던 벤치 뒤 울타리의 장미꽃들은
슬픔이 진화한 반항적인 검붉은 색으로
그의 환영과 나 사이를 누더기 누더기 덮고 있었다.

잘 가게, 친구

유명인들이 죽음을 암시하는 작품이나 글을 남기고 갑자기 세상을 뜨는 경우를 종종 본다. 가수 배호가 '마지막 잎새'를 부르다 갔고, 차중락이 그랬고 김정호가 그렇게 갔다. 김충규 시인은 '장례식'을 쓰고 갔다. 그 죽음이 고인들 스스로 예견한 일이었거나, 아니었거나 관계없이 일반 사람들에겐 일종의 신화 같은 사건으로 받아들여진다. 신화는 밝은 것이 아닌 어슴푸레한 빛의 배경을 갖는다. 김충규 시인의 얼굴빛은 늘 어두웠고 그가 바라보는 것들은 더 어둡게 그늘졌다. 그의 눈빛에 바랜 것들은 하이포그램직 어둠의 완성이었다. 그의 죽음이 확실한 것으로 받아들여질수록, 그의 빈자리가 터무니없을수록 그의 어둠은 그가 떠난 새벽보다 투명해졌다. 그의 죽음은 생물학적 소멸이 아닌, 남겨진 사람들, 특히 우리 같은 문인들에겐 넘어야 할 미메스이기 때문이다.

김충규 시인과 나는 가까이 살면서 종종 만났다. 나이는 나보다 아래였지만 오랜 친구 같아서 '충규 형'이라 불렀다. 함께 있으면 그에게서 흘러나오는 어둠에 나의 엷은 그림자는 빛을 잃고 광명 속으로 추방당하는 느낌이 들곤 했다. 그와 내가 속한 사회의 친숙성을 나 혼자 배반하는 것 같아 어떤 보상심리에서 그렇게 호칭했을 것이다. 전화기에서 흘러나오는 맑은 시냇물 같은 그의 목소리에 나의 탁한 세상이 한 번 더 정류되던 그 하루 뒷날 아침 갑작스러운 그의 부음이 들렸다. 몇 번이고 휴대전화 메시지를 확인했지만 귓가에 맴돌던 그의 물기 젖은 목소리는 천천히 말라가고 있었다. 그때 나는 평소 잘 듣지 않던 브람스의 독일 진혼곡을 듣고 있었다. 예감은 우연의 시간 밖에서 서성이는 친구의 영혼이 두드리는 박자였는지도 모른다.

우리는 여러 가지로 닮은 면이 있었다. 둘 다 젊은 시절에 심한 폐결핵을 앓았다는 것과 현재도 건강이 별로 좋지 않다는 것이다. 그러다 보니 생각도 관심사도 서로 비슷했다. 그의 시에는 '피'라는 단어가 많이 등장한다. 물론 내가 쓴 시에도 '피'가 들어가는 구절이 더러 있지만 그만큼 처절하지는 않다. 그의 피는 몸 안에서 비린 물결로 흘렀다. 비리지 않으면 스스로 몸을 말려 더 비린 냄새가 흐르게 했다. 독자들이 그의 피 비린 냄새를 삶의 혀로 읽으며 자신의 사랑을, 욕망을, 슬픔을 치유하는 동안 그가 지나다니며 바라보던 전철역 옆 작은 공원의 동백꽃은 활짝 피기도 전에 자주 떨어졌고, 그의 집 앞 전깃줄에 거꾸로 매달린 까치의 마른 날개에서 피 비린 냄새가 풍겼다. 누구에 대한 낯선 비유였을까.

그의 피는 언젠가부터 정적인 공감을 기반으로 한 것에서 직관의 것으로 맹렬하게 흐르기 시작했다. 나는 그의 피 냄새가 두려워졌다. 몸속을 돌며 그의 실존을 증명하던 피는 몸 밖으로 흘러나왔고 껍데기만 남은 몸뚱이는 누군가의 그림자에 불과했다. 스스로의 존재를 부정하는 그는 허공이었고 허무였다. 나와 나 아닌 것 사이의 구별이 없는, 생명과 죽음이 미분화된 우주의 원초적 허공이요 허무였다. 그렇게 그는 우주로 돌아가는 때를 직감하고 있는 듯 마지막 나눈 대화에서 그의 목소리는 어느 때보다 맑고 깨끗했다. 이미 자연과 일체가 되어비린 그를 인간의 한계를 벗어나지 못한 나는 알아보지 못하고 있었던 것이다.

김충규 시인과 나는 시인들의 모임이나 행사에 함께 다녀오곤 했다. 사람들과 만나는 것을 별로 좋아하지 않던 우리는 남보다 일찍 자리를 빠져나와 전철을 탔다. 시를 쓰면서 알게 된 사이였지만 시에 대한 이야기를 나눈 적이 거의 없었다. 주로 건강과 가족, 주변 사람들에 대한 일상적인 것들이었다. 그는 아내에 대한 배려가 각별했는데, 모임이 끝난 후엔 반드시 집에 전화를 했다. 그런 아내를 자신의 영정 앞에서 슬피 울게 했다. 슬픔은 죽은 자의 몫이 아니라 산 자의 몫이라고 그렇게 훌쩍 가버린 그의 가족에겐 고난의 태양은 날마다 뜰 것이다. 홀로 신화의 길을 택한 그에게 어느 야속한 달빛이 함께 하는 것인지, 죽은 자는 정녕 말이 없는가.

그에게 미처 전하지 못한 사진 한 장을 바라본다. 곧 만나면 건네주려고 안주머니 속에 가지고 다녔는데 곧이 영원이 되고 말았다. 늘 보던 고동색 자켓과 갈색 구두, 한결같던 머리 모양의 사진이다. 오늘날 글쓰기를 전업으로 한다는 것은 가난과 함께 하는 일이다. 살아서 그 흔한 자동차 한 번 운전해보지 못한 그의 손이 사진 밖으로 나와 나를 향해 흔든다. 어린아이의 것처럼 곱다. 문명의 기기에 물든 우리네 것과는 달리 깨끗한 손을 흔들며 낙타를 닮은 두 발로 터벅터벅 어디쯤 가고 있을까. 혹여 그리 급하게 떠나느라 머나먼 길 어느 찻집에서 차 한 잔 마실 돈마저 챙기지 못하지는 않았는지, 이제 그의 발자국 소리는 그가 믿었던 신만이 들을 것이다. 아무런 생도 닿지 않는 곳까지 사진을 던진다.
'잘 가게 친구.'

도다리쑥국

김충규 시인과 함께 통영에 내려간 적이 있었다. 그가 김춘수 문학상을 수여할 즈음이었을 것이다. 서울에서 자동차로 여섯 시간 이상이나 달리는 내내 우린 서로 말이 없었다. 물이 잔잔한 바닷가나 산기슭에서 아무렇게나 불어오는 봄바람이나 꽃잎들의 가벼운 귓속말에 우리의 귓바퀴도 함께 얇아지고 있었다. 미처 열매를 맺지 못하고 떨어져 흐르는 어린 꽃잎들이 하늘하늘 날리는 산길과 바닷길을 돌아가며 달리는 코란도 승용차의 엔진은 때로는 하늘을 향해, 바다를 향해 그리고 누군가를 향해 뭔가 중얼거리듯, 투덜거리듯 달렸다. 그것이 어떤 이의 운명에 대하여 이야기하는 것이라는 걸 알 수도 있었을 터인데 바다는 조용했고, 어스름이 내려오는 산길 도로는 발자국도 없이 사람과 사람을 지는 햇빛의 운명 속으로 떠밀고 있었다.

통영에 도착했을 때는 이미 해가 서산에 지고 있었다. 우리는 누가 뭐랄 것도 없이 거제 남쪽 끝 바람의 언덕을 향해 달렸다. 단 한 권 〈폭풍의 언덕〉을 남기고 30세에 폐결핵으로 요절한 에밀리 브론테처럼 폐결핵을 앓은 우리 두 사람이 바람의 언덕을 향한 것은 우연이었을까. 바람이 심하게 불었다. 언덕 아래 깎아지른 벼랑을 향해 풀들이 일제히 쓰러지고 바람이 불어오는 곳을 향해 몸속의 뼈들은 휘었다. 그는 벼랑길을 따라 위태롭게 내려갔고 그의 등 뒤로 초승달이 비수처럼 번뜩였다. 나는 알았어야 했다, 초승달이 찌르는 시간의 모습대로 누군가 머무르다 가야 한다는 것을, 이름을 붙일 수 없는 모습으로 쓰러졌다 일어서기를 반복하는 시간을 언젠가는 그리워해야 한다는 것을. 그는 문득 멈춰 섰다. 유령처럼 그가 돌아서서 두드리는 시간의 바깥에서 자욱이 안개가 밀려왔다. 그때 바랜 책장의 흐릿한 문장처럼 서성이던 그를 이해한 것은 수백 일이 지난 후였다.

해가 지고 통영의 야경이 내려다보이는 외각 어느 곳에 우리는 차를 세웠다. 바람에 속살이 깎아져 내린 붉은 황토의 둔덕 위에 쓰러질 듯 서 있는 가시나무 울타리 집이었다. 도다리쑥국 집, 색 바랜 양철 간판이 바람에 삐걱거리는 소리는 지나칠 수 없는 음울한 음악이었다. 김충규 시인과 나는 평소 위장이 튼튼하지 못해 맵고 짠 음식을 좋아하지 않았던 터라 봄 쑥과 싱싱한 도다리를 넣어 끓인 멀건 국물로 저녁 식사를 하기로 했다. 밥을 먹다 말고 상 위에 쌓이는 물고기의 앙상한 뼈들을 물끄러미 바라보며 그가 혼자 중얼거렸다.

'수면 위에 떠오른 물고기의 눈에 처음 비친 물 밖의 빛은 어떤 것이었을까.'

물고기가 죽어가며 기억하는 것들은 이해하기라도 하는 듯 마흔여덟 개의 상처 난 지느러미를 흐느적거리며 그의 눈은 멀건 도다리의 바닷속을 천천히 헤엄쳐 가고 있었다.

김충규 시인은 48세란 젊은 나이로 가난하게 살다 갔다. 가난은 보편적 역사로부터 자의에 의해 유배당한 자신만의 열렬한 신화다. 그는 밝은 태양의 대로를 멀리하고 어슴푸레한 달빛이 함께 하는 신화의 길을 택했다. 남극을 최초로 탐험한 사람은 노르웨이의 아문센이다. 그러나 사람들의 뇌리에 깊게 남아있는 남극 탐험가는 영국의 스콧 대령이다. 아문센 일행은 동쪽으로부터 썰매를 이용해 탐험에 나섰다. 중도에 식량이 떨어지면 개를 잡아먹으며 나아가는 전형적인 인간 중심의 정복 탐험이었다. 그러나 스콧 일행이 인간의 힘만으로 썰매를 끌며 천신만고 끝에 남극에 도달했을 때는 이미 노르웨이 국기가 34일 전에 꽂혀 있었다.

경쟁에서 2등은 없다. 아문센이 단 한 명의 희생자도 없이 탐험에 성공한 것에 반해 스콧 일행은 베이스캠프로 돌아오는 도중 목적지를 18km 남기고 진원 동사하고 만다. 하루면 걸어서 도달할 수 있는 거리였다. 그들의 유품 중엔 280kg이 넘는 오디오 전원용 발전기를 포함한 턴테이블, 앰프, 스피커, 몇 개의 클래식 앨범들이 발견되었다. 죽음과 싸우는 여행에선 단 1kg이라도 가볍게 하는 것이 상식인데 음악이라니… 하지만 그들은 아름다운 낙오자들이었다. 아문센은 역사를 썼고 스콧은 신화를 만들어냈다. 김충규 시인은 스스로 낙오자의 길을 택했기에 그가 드리운 긴 신화의 그림자 속으로 세상의 저녁은 이운다.

그가 떠난 지도 벌써 십 년이 더 흘렀다. 한 가족의 가장, 우리의 친구, 시인 김충규가 없는 세상에도 여전히 태양은 떠오르고 봄은 와서 꽃은 핀다. 그를 기억하는 사람들에게 따뜻한 봄볕이 내리는 곳은 그가 떠난 빈자리고, 봄 들판에 피는 꽃들은 그가 벗어두고 간 신발들이다. 그의 신발을 찾아 다시 통영에 내려왔다. 그 옛날 그와 함께 들렀던 도다리쑥국 집은 헐리고 없다. 언덕만 남은 빈터에서 그를 생각하며 혼자 오랫동안 서 있다. 가시나무 사이로 야생 고양이 한 마리가 날카롭게 운다. 고양이의 울음에 찔리는 어둠보다 꿈이 먼저 아파 온다. 꽃씨 하나 빗 떨어진 흙무더기에서도 그의 선한 눈매를 닮은 반달은 뜬다고 이름 없는 밤새는 울고 간다.

남광주역

그때 남광주역엔 목화송이 같은 눈이 내리고 있었다.
몇 시간 전 병원으로부터 사형선고 같은 통보를 받은 나는 멀지 않은 남광주역을 향하고 있었다. 사나운 바람이 밀었다. 내가 다시 바람의 등을 밀고 바람과 나는 맹렬한 속도로 죽음을 향해 걷고 있었다.

눈을 털고 들어선 역의 대합실엔 석탄 난로가 지펴져 있었다.
난로를 둘러싸고 앉아있는 사람들의 얼굴은 열기로 벌겋게 달아오르고 있었다. 그들은 외부의 열기가 아닌 자신의 내부로부터 반사되어 나오는 영혼의 힘과 싸우고 있있다. 사람들은 하나둘 돌아가고 나는 난로 가에 말없이 앉아 밤늦도록 호주머니 속 약봉지를 만지작거리며 꺼져가는 정신의 불길 속으로 조개탄을 던져 넣었다.

생사의 갈림길에서 두려움에 떨던 내게 남광주역은 어머니였고 내 영혼의 피난처였다.
지금은 역이 헐리고 그 자리엔 넓은 주차장과 도로가 차지했다.
음독으로 신음하던 젊은이를 등에 업고 뛰어가던 여인숙 주인의 굽은 등허리도 화순 방향으로 가는 인터체인지 고가의 굽이로 어렴풋이 떠오를 뿐이다.

철길 가에 살면서 철길보다 높이 쳐다보지 않던 소박한 사람들은 다 어디 갔는가. 기차에서 내리는 사람들의 짐을 지워 나르던 수많은 지게꾼들도 자신이 짊어진 짐의 무게보다 더 무거운 욕망을 갖지 않았지만 그들은 늘 풍족했다.

지금처럼 길 위로 길이 나고, 길이 길을 누르고 다시 길이 길을 뒤집는 온통 길의 세상이 아니어도 남광주역에서 열차에 오르면 세상 어디든 갈 수 있었다.

수십 년이 흐른 지금 광주는 타향처럼 낯설다.

그 정답던 사투리도 반쯤은 표준말이 되었다. 가슴에 뚫린 커다란 구멍 속으로 들어와 이제는 화석이 되어버린 바람의 편린들 속에서 그때의 흔적들을 찾을 수밖에 없다. 옛날 같으면 손바닥 들여다보듯 훤히 알고 있었을 광주의 거리를 잘 몰라 지나가는 사람들에게 자꾸만 길을 묻는 나는 지금 모든 기억이 파괴된 추억의 황무지 허허벌판을 걸어가고 있다.

눈사람

“울력 나오시오-, 삽이나 가래 들고 신작로 울력 나오시오.”

아이의 아버지는 머슴이었다. 냇가 옆 자갈논 서 마지기를 부치고 사는 동네 머슴이었다. 그는 동네에 큰일이나 잔치가 있는 날 돼지를 잡거나 잔일을 하고, 마을의 궂은일은 도맡아 했다. 나 같은 어린아이들에게 도련님이라 부르고, 코흘리개 여자애들에게도 아가씨라 호칭하며 늘 어깨가 축 늘어진 동네 종이었다. 가끔 그가 목에 힘을 주는 때가 있었는데, 마을 앞 커다란 정자나무 아래서 고래고래 소리 지르는 날이었다. 확성기가 없던 시절 그는 동네 마이크였다.

그의 말투는 우리 고장에선 들어본 적이 없는 것이었다. 끝소리를 길게 빼거나 앞소리를 강하게 발음하는 억양은 우리네 조상들의 한탄조 노래를 생각하게 했다. 그가 어디서 왔는지, 어떻게 우리 마을까지 흘러왔는지는 아무도 아는 사람이 없었다. 어떤 이는 그의 큰 키를 보고 이북에서 왔을 거라 했고, 어떤 이는 그의 시골 사람답지 않은 수려한 얼굴에서 양반의 내력을 읽고, 누구는 그의 걸음걸이에서 군인의 그것을 찾았다. 그의 과거에 대하여 생각하면 할수록 사람들에게 그는 차츰 경외의 대상이 되어갔다.

나이보다 훨씬 늙어 보이는 아내와, 눈이 동박새처럼 까만 어린 딸과 그는 우리 집의 아랫집에서 살고 있었다. 동네에 별일이 없는 날은 그는 늘 불그레한 얼굴로 알 수 없는 한 서린 가락을 웅얼거리며 비틀거렸고, 같은 골목을 밟고 다니는 나의 발바닥에도 쓸쓸한 피가 돌아 그의 길은 나의 몸속에서 구부러졌다. 어려서부터 할아버지의 축음기에서 판소리를 듣고 자란 나의 귀엔 익숙한 소리였다. 그것은 분명 죽은 자를 위한 씻김굿의 구음이었다. 어느 날 그가 상여를 이끌며 요령 소리를 메기는 것을 듣고 나는 그가 무당이었을 거라 확신했다.

정자나무 아래서 동네잔치를 알리는 그의 큰 소리에 우리 집 봄꽃들이 화들짝 피어나고, 슬픈 일을 전하는 그의 소리엔 온 마을의 꽃잎들이 떨어지던 날들은 흘러가고, 그의 집 지붕 위로 창백한 보름달이 뜨던 그 자리에 보랏빛 나팔꽃이 피던 날 아침 정자나무 아래서 외치는 소리가 들렸다. 온 마을을 쩡쩡 울리던 소리가 아니었다. 아랫집 지붕의 나팔꽃은 시들고 목소리도 이내 잠겼다. 그의 딸, 초등학교 5학년이던 어린 딸이 소리소리 외치는 것이었다. 그다음 날도 아이의 울음 같은 커다란 소리와 소리 사이로 나팔꽃은 졌다.

한 학년 아래인 그 아이는, 명랑하고 보조개가 움푹 들어간 아이는 동네 아이들과 잘 어울렸다. 뒷집에 사는 나를 오빠라 부르면서 잘 따랐다. 우리는 가끔 아이들과 술래잡기 놀이를 하면서 헛간 짚 더미 속으로 함께 숨었다. 아이에게선 들큼한 살구 냄새가 났다. 우리는 놀이가 끝날 때까지 짚 더미 속에서 나갈 줄을 모르고 우리 집 살구나무엔 노란 살구가 수줍게 익어갔다. 언젠가부터 아이는 보이지 않고 그녀와 함께 있던 헛간을 찾는 일이 잦아지던 어느 날 아이는 아버지가 아프다는 이야기를 했다.

아침에 눈을 뜨면 나는 그녀의 집 지붕 위를 쳐다보았다. 나팔꽃이 핀 날은 정자나무 아래 아이의 외는 소리가 들렸다. 그 소리는 나의 목구멍과 가슴 사이에서 애잔하게 메아리쳤다. 아픈 아버지 대신 소리를 치는 동안 나팔꽃은 진저리를 치며 먼저 시들고 아이의 소리는 어느 가엾은 동물이 남기고 간 울음이었다. 꽃이 지는 의미를 생각하는 날은, 산다는 것에 생각하는 날은 그녀의 삶에 대하여 내가 할 수 있는 일이 아무것도 없다는 것에 대하여 설명이라도 해주는 듯 서쪽 하늘엔 끔찍하게 아름다운 노을이 떴다.

경이롭고 황량한 아름다움 속에 아이는 가을 알밤처럼 여물어가고, 외는 그녀의 목소리도 단단해져 가던 어느 날 앞집에서 울음소리가 들렸다. 아이의 아버지는 끝내 일어나지 못하고, 남의 저승길을 요령을 흔들며 안내하던 그 길을 자신은 상여도 타지 못하고, 만기도 없이, 종이꽃 한 송이도 없이 혼자 쓸쓸하게 넘어갔다. 지게꾼의 등에 업혀 바람처럼 가볍게 산을 오르는 그의 길로 깊은 가을의 뒤늦은 낙엽 몇 장이 따라 흩날렸다. 아이는 낙엽들을 주워 아버지를 둘둘 말은 멍석 사이로 지페처럼 찔러 넣었다. 아이의 울음소리가 오래도록 들렸다.

아이의 아버지가 떠난 며칠 후 그녀의 집에서 사람들의 소리가 들렸다. 아이와 어머니가 이삿짐을 싸고 있었다. 세간살이라 해봐야 이불 한 채와 그릇 몇 개가 전부였다. 두 모녀를 둘러싸고 사람들이 웅성거렸다. 불쌍해하는 소리, 술을 원망하는 소리를 뚫고 날카로운 여인의 소리가 들렸다. 그리곤 그 여인은 싸놓은 짐들을 모조리 풀어헤쳤다. 널브러진 그릇 안에 싸래기 몇 줌이 들어있었다. 여인은 싸래기를 자신의 치마폭에 쌌다. 보리 한 말 빚을 준 부잣집 할머니였다. 모녀는 울면서 길을 떠났다. 쇠락한 몸뚱이에 매달린 팔이 힘없이 흔들렸다.

그들이 이웃 고을로 갔다는 소문만 들었을 뿐 어디서 사는지는 알지 못했다. 아이의 귀여운 얼굴이 조금씩 잊혀가던 어느 날 창밖엔 눈이 내리고 방송에서 사고 소식을 알리는 아나운서의 목소리가 무심하게 흘러나왔다. 그녀가 떠나갔다는 그곳 산에서 갈퀴나무를 하고 있던 여자아이가 사냥꾼의 오발로 사망했다는 것이다. 아이는 눈 오는 날이면 눈사람을 만들곤 했었다. 담 너머 내려다보이는 하얀 마당엔 눈사람 셋이 나란히 서 있었다. 눈은 다시 펑펑 내렸다. 조그만 눈사람 하나가 걸어 내려왔을까? 눈이 까만 작은 새 한 마리가 창살에 앉아 방 안을 들여다보고 있었다.

이쁘나 마나

"아가, 이쁘나 마나 어서 가자…."
늙은 시아버지가 말 모퉁이를 질렀다.
그리곤 모두 말이 없었다.
들판을 내달리는 바람도 숨을 죽이고
서걱거리던 볏 잎들도 뾰족하게 섰다.
아낙의 가슴은 철렁 발등으로 흘러내리고
논둑길에 맨발이 찍는 발자국 깊이
수십 년 묵은 여러운 그림자가 고였다.

새색시 며느리와 시아버지와 남편은
논에서 집으로 볏단을 나르고 있었다.
맨 앞엔 며느리가 볏단을 머리에 이고,
남편과 시아버지가 볏단을 지게에 지고
뒤따라 논둑길을 걸어오고 있었다.
머리에 인 볏단의 푸른 잎 하나가
새색시의 예쁜 볼을 간지럽혔다.
"애기가 들어설랑가 요새 당신이 이쁘단 말이요…?"
뒤에선 아무런 대답이 없었다.
며느리가 다시 말했다.

"당신이 이뻐 죽겄단 말이오…?"
뒤따라온다고 생각한 이쁜 서방님은
저만치 뒤떨어져 오고
바로 뒤엔 시아버지가 묵묵히 오고 있었다.

그날 밤 두 칸짜리 초가집 지붕 위론
새 쌀밥 같은 보름달이 떠오르고
아들 며느리의 방엔 일찍 불이 꺼졌다.
젊은 시절 고을에서 한 소리 했던 노인은
뭇 여인들의 마음을 설레게 했으나
일찍 홀로 된 뒤론
소리부터 쓸쓸하게 늙어갔다.
뚫린 창구멍으로 달빛이 흘러들어와
노인 앞에 여인의 하얀 소복처럼 쌓인다.
오랫동안 잊고 있었던 가야금을 꺼낸다.
나뭇가지 같은 손으로 줄을 어루만지고
아무렇게나 헝클어진 손가락 사이
사이에 끼인 가락이 밤새 서럽게 풀렸다.
창백한 달이 진 아침 지붕 위엔 노인의

하얀 저고리가 평화롭게 올려져 있었다.

나는 노인의 생전 그를 몇 번 찾아갔다.
준비해간 막걸리 한 사발을 들이킨 노인은
"젊은 학상이 별일이여…."
하며 가래 가득한 호흡 속에
끊길 듯 끊어지지 않는
질긴 소리가 뱉어져 나오는 것이었다.
젊은 귀명창은 순수한 푸른 호흡에의 갈증과
현실의 경계로부터
핏속 깊이 아름다움의 경계를 넓혀가고 있었다.

노인의 소리는 이른바 정통의 소릿제는 아니나,
상청 위로 속목이 밀어 올리는 세성이 일품이었다.
하나의 소리 속에 수십 개의 소리가 들어있어
각각의 헐렁함으로 음악의 단순한 아름다움에
봉사하는 소리였다.
그 단순함 속엔
대가의 향수를 불러오는 아름다운 타락이 숨겨져 있었다.

남실바람

사람들은 어떤 바람을 좋아할까?
얼마 전까지 노대바람, 왕바람 등 큰바람이
우리의 생활 터전을 휩쓸어갔고
먼 바다엔 싹쓸바람까지 불어갔다.
이젠 그런 바람들은 모두 옛이야기가 되고
아침저녁으로 선선한 바람이 불어온다.

예부터 우리 조상들은 바람과 함께 살았다.
그 바람들에게 자식에게보다 예쁜 이름들을 지어주었다.
아침 동쪽에서 불어오는 샛바람,
서쪽에서 불어오는 하늬바람, 갈바람,
남쪽에서 불어오는 마파람,
북쪽에서 불어오는 된바람, 삭풍
그리고 바람의 세기에 따라 실바람, 남실바람, 산들바람, 건들바람, 흔들바람, 된바람, 센바람 등 참 정다운 이름들을 몇 번쯤은 하늘을 바라보는 할아버지, 아버지에게서 들어보았다.

그러나 내겐 나만의 정다운 바람이 있다.
지금이 딱 그 바람이 부는 때다.

우리 어릴 적, 여름 방학이 끝나고 추석이 오기까지 학교에서 돌아오면 책보자기 던져놓고 가는 곳이 있었다. 올벼 논에 새를 보러 가는 것이었다.

논 한 귀퉁이에 아버지가 소나무를 박아 원두막을 지으면 우리는 새로 지은 신기한 작은 집 낮은 처마에 떨어진 풋감을 여기저기 박아놓고 홍시가 되길 기다릴 때 들판 여기저기선
'훠~~어~이, 훠~~어~이'
새를 쫓는 할머니들의 슬픈 소리에 서쪽 하늘은 눈시울을 붉혔다.
그러면 내 가슴에도 형언할 수 없는 서늘한 바람이 일었는데,
막 고개를 숙이기 시작하는 벼 이삭이 출렁이는 남실바람이었다.

가게 주인

"아저씨 왜 그러세요…??"
여전히 가게 주인은 얼굴이 파랗게 질린 채 나를 쳐다보았다.
어느 출판사로부터 부석사에 관한 사진을 의뢰받았다. 부석사는 우리나라에서 원형이 현존하는 가장 오래된 사찰이다. 특히 부석사 무량수전의 배가 불룩한 기둥은 세계적으로도 귀한 건축 양식이라고 중학교 역사 시간에 배웠다. 하루 시간을 내서 영주에 내려가 슬라이드 필름 5통 이상을 찍어왔다. 그러나 아~~!! 내겐 왜 이런 일이 자주 일어나는지, 출판사에서 필요한 것은 경북 영주 부석사가 아니라 충남 서산에 있는 부석사에 관한 사진이었다. 경허 스님과 관련이 깊은 서산 부석사의 사진들이 필요했던 것이다. 출판사에선 이미 내가 사찰 관련 사진들을 수년간 찍어 오던 터라 경허 스님과 관련해 그 정도는 알고 있으리라 자세하게 말하지 않았던 것이다.

다시 서산에 내려갔다. 때가 한창 벚꽃이 피던 철이라 내려가면서 먼저 서산 개심사에 들러 그곳의 겹벚꽃 사진을 찍으려고 아침 새벽 일찍 코란도를 몰고 내려갔다. 개심사 5~6백 미터 앞에 조그만 구멍가게가 하나 있었다. 근처엔 인가도 없고 그 가게뿐이었다. 새벽에 출발한 탓에 해가 뜨기 전에 도착을 했다. 사진을 전문으로 찍은 사람들은 알 것이다, 하루 중 사진에 필요한 색온도가 가장 좋은 때가 일출과 일몰 한 시간 전후라는 것을. 아침을 먹지 않고 출발을 했기 때문에 뭐라도 사 먹으려고 그 구멍가게에 들렀다. 가게 주인인 60대 후반의 마른 할아버지가 나를 보자마자 기겁을 했다. 나를 무장간첩으로 오인한 것이었다. 얼룩무늬가 있는 모자에 전투복처럼 생긴 촬영용 조끼, 그것보다 노인이 정작 놀랐던 것은 손에 든 브로니카 6*6판 중형 카메라였다. 브로니카에 망원렌즈를 물린 모양이 마치 기관총이나 다른 무시무시한 총기로 보였던 것이다.

당시 나는 예술을 위해 나 자신에게 불을 시르며 사진을 찍고, 클래식 음악을 듣는다고 카메라와 오디오에 미쳐있었다. 그것 자체만으론 아내에겐 남편으로서는 최악의 한 면이었다. 교사의 박봉의 월급, 약간의 번역 수입, 오디오 평론 원고료, 출판사에서 받은 사진 대금을 합쳐도 늘 마이너스였다. 예술에선 최고의 선으로 보일 수도 있었지만 그 판단을 위해 우리는 교육되어지는 것이며, 우리가 찾는 것은 오직 그걸 찾기 위해 많은 시간을 낭비한 후에 오는 법이다. 지금 우리가 무언가 성공을 위해 하는 모든 일들이 많은 시간과 힘을 필요로 하지만 언젠가는 그 자국이 분명 남을 것이다. 만약 그렇게 하지 않는다면 우리의 생은 모래밭에 난 자국에 불과할지도 모른다.

정신의 고향

나는 어려서부터 유난히 병치레를 많이 겪었다. 초등학교 어느 봄 며칠째 학교에 가지 못하고 누워있었다. 아침 밥상 가에 둘러앉은 가족들의 두런두런 말소리와 수저와 밥그릇이 부딪치는 소리, 젓가락 소리가 그렇게 아름답게 들릴 수가 없었다.

그건 음악이었다. 합창 교향악이었다. 나는 자리에 누워 내 가냘픈 신음이라도 보태고 싶었으나 한없이 목구멍 깊이 가라앉을 뿐이었다. 차라리 생이 빨리 끝났으면 좋겠다고 생각했다.
저녁 해가 나의 마음속 약한 곳을 징검징검 밟고 가면 몸속 뼈마디에선 삐걱거리는 소리가 들리고 죽음 밖에서 바라보는 죽음 안은 참 따뜻해 보였다.

그렇게 캄캄한 낮은 자꾸만 환한 밤으로 흘러가고 문득 새소리가 들렸다. 갓 피어난 살구꽃 가지에 아침 참새가, 부리가 노란 어린 참새가 제 울음소리로 온 세상을 가득 채우고 있었다. 나는 그만 울어버렸다. 나의 눈물로 깨끗이 씻긴 아침 해가 살구나무 가지 사이 떠오르고 있었다. 그 후 살구나무와 새는 나의 정신의 고향이 되었고 살아가면서 외롭거나 힘든 일이 있을 때면 살구나무와 참새를 찾는다. 나의 시와 글에 살구나무가 자주 등장하는 것도 이 때문이다. 나의 생은 죽음이 가리키는 어둠과 살구나무와 새가 가르쳐 준 삶의 투쟁의 연속이었다.

'난 스무 살을 넘기지 못할 거야, 서른을 넘지 못할 거야, 마흔은 진짜 넘지 못할 거야, 쉰은 틀림없이 못 넘을 거야.'

클래식 음악에 나의 연약함을 의탁한 세월이 그렇게 흘러가던 어느 날 또다시 문득, 새소리가 들렸다. 우렁찬 울음소리로 나의 나약한 생을 흔들었다. 최근 어린 판소리꾼에서 트롯으로 옮긴 소녀 가수가 부르는 임권택 감독의 천년학을 듣고 흐르는 눈물에 나의 태양은 다시 얼굴을 씻고 떠오르고 있었다.

아버지 돌아가신 봄, 고향 집에 살구나무를 네 그루를 심었다. 살구꽃이 피면 돌아가리라, 살구꽃 보다 발간 어린 새의 노래를 넋 놓고 들어보리라.

붕어빵집 박 씨

검붉게 달구어진 붕어빵틀 기계가 돌아갈 때마다
끼긱- 한발의 총알이 장전되는 소리,
뿌앙 뿌앙 빠 아앙-, 이어지는 정적 속에
박 씨 아저씨의 채 머리는 고요히 흔들렸다.
"어떻게 되었어요, 아저씨?"
마른침을 삼키며 한 아이가 묻는다.

학교 앞 붕어빵집 박 씨 아저씨는
6·25 때 어머니와 함께 피난 내려왔다고 했다.
가끔 나오는 노모도, 주인 박 씨 아저씨도
채머리를 흔드는 가게 안은 학생들로 넘쳤다.
빵가게 안의 벽엔 서부영화 포스터들이 붙어 있었다.
연탄불 위 빵틀이 돌기 시작하면 영화가 시작되었다.
박 씨 아저씨의 입은 영사기와 스피커였다.

클린트이스트 우드의 옷차림과 모자를 쓰고
빵틀을 돌리는 그의 손놀림은 명사수의 그것이었다.
그의 입에서 쏟아지는 총소리, 기관 총소리와
휘파람, 말발굽 소리는 극장 안에 앉아있는 것 같았다.

가끔 튀어나온 침이 뜨거운 빵틀 위에서 피쉬-
소릴 내며 사라질 땐 어김없이 악당 하나가 쓰러지고
쉴 새 없이 배우들의 말소리가 이어졌다.

그가 언제 영어를 배웠는지는 모른다.
배우들의 꼬부랑 대사를 줄줄 외웠지만 분명한 것은
박 씨 아저씨의 유창(?)한 영어를 알아듣는 아이는
한 명도 없었다는 것이다.
손짓 몸짓을 해가며 들려주는 그의 이야기는
규칙적으로 고요하게 흔드는 채머리의 리듬을 타고
듣는 이를 마성의 신비한 체험 속으로 안내하는 것이었다.

그의 이야기는 언제나 그렇듯
빵틀기계를 돌리는 속도보다 느리고 길어서
한 장면이 끝날 때가 되면 붕어빵은 몇 바퀴를 더 돌아 구워지고,
거무스레하게 탄 빵 맛은 참으로 일품이었다.

영화관 출입이 금지되던 당시의 학생들에게
붕어빵가게 박 씨 아저씨의 인기는 대단한 것이었다.

지금 내가 기억하고 있는 숀 코너리, 로저 무어, 게리 쿠퍼,
클린트 이스트우드 같은 외국 배우들의 이름도 그때 알았다.

그의 영화 이야기에서 내가 인지한 것은 무엇이었을까?
인지했던 방법은 무엇인가?
그의 영어를 한마디도 알아듣지 못하면서도
영화 스토리를 알게 된 것은 어떻게 설명할까?
그가 굽는 붕어빵은 내 마음속에서 한 가지 의미를 갖지만
그것은 나의 마음과는 상관없이
여러 가지의 의미의 통로를 가지고 있기 때문인지도 모른다.

TV에서 자주 보는 소녀 가수가 이야기를 하면
눈빛 하나에서 몇 개의 장면들이 떠오르고,
가냘픈 손가락 끝에서 아기 손 같은 고사리가 자란다.
감각과 관능으로 가득 찬 말투는 또 몇 개의 도랑을 건너뛰어
남도의 끝 어느 초등학교 한적한 교실의 한 여자아이,
그녀의 또랑또랑한 눈망울에서 어느덧 대하 이야기가 흐른다.
이야기를 잘한다는 것은 꽃들이 따라 웃고,
뜨거워진 붕어빵 눈에서도 5백 원짜리 동전이 쏟아지는 일이다.

일년감

초등학교 앞엔 버스가 다니는 신작로가 있었고
그 마주 편엔 5일 장이 있었다.
학교에 갈 때는 신작로를 따라갔고,
집에 갈 때는 장을 가로질러
조금 더 먼 길을 돌아갔다.
장 길을 따라 밭둑길 논둑길을 걸어가면
만나는 사람마다 어머니 아버지 같아 정답고
그들의 등을 넘어오는 보리 익는 냄새,
벼가 여물어가는 냄새에 가슴에선 샛바람이 일어
집으로 가는 발걸음은 풀풀 날아서 갔다.
가다가 도랑을 더듬기도, 막고 품기도 하면
근심스러운 저녁 해가
나의 그림자를 길게 끌고 어느덧 집으로 가기도 했다.

어느 초여름 토요일 오후
장에서 빨간 홍시 몇 개를 놓고 파는 것을 보았다.
여름의 홍시는 나를 유혹했다.
꼭꼭 숨겨둔 십 원짜리 동전 몇 개로 홍시 하나를 샀다.
통통하고, 단단하고 매끄럽고

가을의 홍시보다 더 짙게 붉은 것이 신기했다.

만지작 만지작거리다 집에 거의 도착할 때
문득 동생들 생각이 났다.
집에 가면 동생들과 나눠 먹어야 했다.
홍시를 한입 물었다.
'악- 이게 무슨 맛이야…'
찝찔하고, 비릿한 말 오줌 같은 맛에
나의 미각은 속수무책으로 저항했다.
곧장 시장으로 뛰어갔다.
"할머니, 이 감 썩었잖아요?!"
"아하 그거? 일년감은 맛이 본래 그런 거야."
할머니가 웃고 사람들도 따라 웃었다.

요즘 잊혀가는 트롯을 부활시킨 한 신인 여가수를 보면 잘 익은, 잘생긴, 탱탱한 일년감(토마토) 생각이 난다.
그녀가 처음 가요 무대에 등장했을 때 사람들은 고개를 갸우뚱했는지도 모른다.
달콤하고 가벼운 소리에 익숙한 사람들의 귀에 판소리로 다져진 그녀의 성음은 낯설었을지도 모른다.
소리의 이면을 모르는 사람들은 앞으로 가요계에 어떤 일이 일어날지 알지 못했을 것이다.

아마존의 조그만 감자 과 토마토가 세계적 건강 열매채소가 될 줄 처음엔 아무도 몰랐다.

기존의 가수들과 새롭게 등장한 가수들 중 누가 그들의 관심을 사로잡고 선두를 이끌지는 뛰어난 기본기와 청중들과 격의 없는 관계 속에서 가수와 관객이 서로 얼마나 음악을 즐기느냐에 따라 달라지게 했다.
어떤 가수에겐 잔혹함으로 받아들여졌을 것이다.
그것은 자연의 냉엄한 법칙이다.
청중의 박수갈채와 환호 후에 찾아오는 적막감 속에서 가수의 정신 변화의 템포와 스타일의 변화는 필수적인 것이 되어버렸다.
대중음악의 수요는 이 변화의 움직임을 따라간다.
그것은 양푼처럼 요란한 것이 아닌 지속적인 꿈틀거림이다.
음악이 포르테시모로만 진행된다면 사람들은 지치고 말 것이다.
라르고, 아다지오, 알레그로… 그러나 끊임없이 크레센도, 프르테시모로 라스트를 향해가는 음악, 찝찔함 속의 달콤한, 건강한 맛의 토마토 같은 견고한 음악을 듣고 싶은 것이다.

고향 친구들

지난 토요일 오후 초등학교 동창생들 몇 명과 서울에 있는 아차산에 올랐다. 건강이 제일의 화두가 되고 있는 요즈음 조그만 산에 올랐다고 해서 별 이야깃거리는 아니겠지만 내겐 뜻깊은 산행이었다. 40년이 훨씬 지나서야 어릴 적 동무들을 처음 만난 것이었다. 이러저러한 이유들의 탓으로 돌리기엔 너무나 늦어버린 죽마고우들과의 재회였다. 오래전부터 동창 모임이 있는 것은 알고 있었으나 본래 소심하고 사람들을 만나는 것을 좋아하지 않는 성격인지라 불현듯 얼굴을 내밀기가 계면쩍어 그처럼 늦어져 버린 것이다.

강변역에서 내려 사방을 두리번거리고 있을 때 근처 조그만 근린공원에 서 있는 초로의 사내들이 이름을 부르며 내게 손짓했다. 아, 얼마 만에 들어본 내 이름 두 자인가. 언젠가부터 나의 귓바퀴를 간질이기만 하던 '배 형, 배 선생님, 배 시인' 등과 같은 호칭에 나는 이름을 잊고 산 지가 오래였다. 내 이름을 부르는 투박한 사투리가 황폐된 귓속 골짜기를 파고들어 왔다. 문득, 찌르르한 그 무언가가 심장까지 파고들어 오는 것 같았다. 그들이 먼발치에서도 나를 알아보았듯이 강산이 변한다는 십 년이 네 번 하고도 반이 지났는데 나 역시 고향 친구들의 얼굴을 단번에 알아보고 나도 모르게 하나씩 이름들을 부르며 뛰어갔다.

추억은 기억보다 가깝고 고향은 추억보다 더 가까운 것인가. 일부러 기억하고 있었던 것도 아닌 데 그토록 오랜 시간 동안 잊고 있었던 이름들이 한꺼번에 떠오르다니. 세월이 지났어도 그들의 얼굴엔 고향의 산천이 흘렀고, 그들의 말소리엔 고향의 바람 소리가 들렸고, 그들의 걸음걸이에서 내가 살아 온 길이 보였다. 변호사 일을 하고 있다는 전직 판사 출신의 친구도, 고위 관리인 친구도, 기업가인 친구도, 대학 강단에 선다는 친구도 모두가 그대로 6학년 1반의 코흘리개 촌아이들이었다. 고향이란 빙산의 밑 부분과 같은 것이어서 우리를 세상의 험한 파도 위로 밀어 올리고 보이지 않는 바닷속 깊이 숨어있다.

내가 글을 쓰게 된 것은 고향을 떠나 서울에 올라왔을 때로 거슬러 올라간다. 아는 사람 없는 타향에 홀로 서게 한 것은 흔들리지 않는 고향의 무게였다. 언제나 혼자서 음악을 듣거나 종이에 뭔가 긁적거리며 타향에서의 외로움을 달랬는데, 음악은 고향의 노래였고 글을 쓰는 것은 고향의 이야기를 듣는 것이었다. 고향의 산등성이를 내려오던 어스름은 내게 아스라한 문장이었고, 동네 앞 시냇물 흐르는 소리는 그대로 음악이었다. 어쩌다 문단에 등단하게 된 것도 우리 고향 산천의 아름다움과 장흥의 문학적 특별함이 그 배경으로 있었던 것임을 뒤늦게 알았다.

영어 선생님

아버지가 사준 스위스제 시계는 잠시 공부에 흥미를 갖게 하였으나 여전한 아버지의 공부에 대한 압박으로 다시 공부가 하기 싫어졌다. 그리고 그 시계 일은 공부는 언제든 맘만 먹으면 잘할 수 있는 것이라는 건방진 사고방식을 갖게 한 사건이기도 했다.

중 3학년이 되어선 새로 입학한 두 살 아래 동생과 함께 자취를 하게 되고 고등학교에 들어간 지 얼마 있지 않아 우리 집에 커다란 변화가 일어났다.
작은아버지가 사업에 실패를 하고 그 빚을 아버지가 몽땅 떠안은 것이다. 많은 전답과 산, 키우던 소가 모두 넘어갔다.
글만 읽던 할아버지는 며칠째 식사를 못 하더니 젊은 할머니와 함께 읍내로 나가고, 일을 모르던 한량 아버지는 돈을 벌기 위해 집을 떠났다.

하지만 가난은 낯선 것이어서 어린 나의 마음엔 큰 변화를 주진 못했다.
어머니가 보내 준 돈과 쌀로 우리 형제는 예전과 다름없이 학교엔 잘 다니고 있었다.

여전히 공부와는 거리가 먼 나는 친구들과 어울려 다니며 놀기에 바빴고, 그중 두 친구는 기어이 퇴학을 맞고 말았다.

그렇게 고 2학년이 되어서 새로운 영어 선생님이 오셨다. 반쯤은 흑인처럼 생긴 분이었는데 그때 오리지널 같은 발음을 처음 들었다. 그 선생님의 학습 방법은 독특했다.
앞줄 아이부터 차례대로 한 문장씩 읽고 해석하는 것이었다. 거기에 매일 백지 한 장씩 깜지를 써오는 숙제가 더해졌다. 숙제 안 해오면 매 열 대, 읽지 못하면 매 열 대, 해석 못 하면 매 열 대로, 셋 다 못하면 매 서른 대를 맞는 것이었다.

매는 마디가 촘촘한 대나무 뿌리로 손바닥을 때리는 것이었는데 서른 대를 '다다다다다-다' 6~7초 안에 맞았다.
깜지 숙제와 읽는 것은 어찌어찌 통과했지만 해석을 못 해 영어 시간마다 매 열 대를 기본으로 맞았다.
어떤 날은 하루에 영어가 두 시간 들어있어서 스무 대를 맞기도 했다. 해결책은 영어 시간에 땡땡이를 치는 것이었다. 하지만 이것도 오래가지 못했다.
담임선생님의 무시무시한 몽둥이가 월담을 막았기 때문이다.

나는 학교가 죽을 맛이었지만 그 영어 선생님은 매년 한두 명은 서울대에 합격시켰다. 그때 한 선배가 귀띔을 해주었다. 영어 선생님에게 영어를 포기했다고 말하면 모든 게 해결된다는 것이었다.

드디어 내 차례가 왔고 떨리는 목소리로 그 운명의 한마디를 하고 말았다.
영어 선생님은 씨익 웃더니 그냥 지나쳐 갔다.
나는 악몽 같은 영어 수업으로부터 해방된 것이었다.
다음날도 선생님은 나는 시키지 않았다.
그다음 날도 지나쳐 갔다.
다시 그 사람 다음 다음날도 내겐 아무런 일도 일어나지 않았다.

기분이 이상해졌다. 이건 아니다 생각하고 예습을 열심히 해왔다.
앞에 앉은 아이의 차례가 끝나자 선생님에게 손을 들며 시켜달라고 했으나 선생님은 나를 바라보며 그냥 씩 웃기만 했다.
다음날도 내겐 기회를 주지 않았다. 교무실에 찾아가 영어 공부를 열심히 하겠다고 애원을 했지만 나는 용서받지 못했다.
그리고 내게 보내는 영어 선생님의 그 야릇한 웃음이 나의 심장을 대나무 뿌리보다 더 아프게 때렸다. 삼십 대를 기본으로 맞는 아이가 부러운 날들은 그렇게 흘러갔다.

그러던 어느 날 교무실에서 나를 호출했다. 어머니가 와 계시는 거였다. 어머니의 눈에 눈물이 고여 있는 것을 보고 가슴이 발등으로 흘러내렸다. 공부하지 말고 그냥 집에 가자는 어머니의 말과 함께 나는 초등학교 때부터 소망이었던 농사일을 일 년간 하게 된다.

흑백사진 한 장

내 마음의 사진 OST를 듣는다. 노래는 나의 옹색한 필력의 한계를 사뿐히 넘어 날아오르는 노랑나비가 되어 나의 아득한 정신의 허공에 팔랑팔랑 길 하나를 그려나간다. 이건 어느 노래에서도 들을 수 없는, 내가 가진 어떤 언어로도 설명할 수 없는 음악이 주는 환상의 순간이다.

그녀의 목소리를 남도의 끝에서 불어오는 바람의 소리, 매서운 동지의 밤 가련한 문풍지가 파르르 떠는 설한(雪寒)의 소리로 한 번쯤은 묘사했을 나의 문맥은 휘청거린다. 나비의 노랑 분가루가 하늘하늘 날리는 그날 오래된 필름 속에서 서서히 현상되는 그 오솔길을 따라간다.

돌아보면 까마득한 고교 시절 학교에서 집까진 신작로 사십 리 길, 고개 넘으면 삼십 리 길이었다. 따뜻한 봄과 서늘한 가을엔 걸어서 고개를 넘었다. 20원 버스비를 아끼기 위해 고개를 넘는 것이었다. 집으로 향하는 험준한 고갯길은 걸어서 십 리, 기어서 십 리, 달려서 십 리 길이었다.

봄이면 산마루에서 흘러내리는 뻐꾸기 울음에 진달래 철쭉이 붉게 다 탔어도 집으로 가는 고갯길은 내 엷은 그림자 안에서 십 리가 꽃길이었다. 가을엔 신미루 넝쿨을 따라, 산 꿩을 쫓아 고개를 오르면 등 뒤에 찍힌 발자국은 나를 앞서 솟구치고 어느덧 우리 동네 앞 강물이 신작로처럼 보였다.

그 길에서 알밤처럼 주웠다 잃어버린 내 사랑, 고갯마루 아래 외딴 마을의 그녀는, 단둘이 살던 할머니가 소쩍새 울음을 따라간 이듬해 봄날 할머니의 밤새보다 더 붉은 울음을 토하고 떠나갔다. 그녀가 떠난 날부터 아래로부터 조금씩 지워지는 그녀와 나의 사진, 모두 지워지는 날 나도 영원히 지워지겠지.

내 마음의 도시락

7남매 중 장남으로 나는 우리나라 남쪽의, 바다가 그리 멀지 않은 작은 마을에서 태어났다. 말보다 먼저 배운 것은 십 리 밖 바다에서 뜨는 해의 그림자가 가르쳐 준 고독이었다. 자라면서 듣게 된 주워 온 아이라는 말은 그 고독의 배경이 무엇인지 알게 해주었다.

어린 내가 예뻐 어른들이 놀리는 말인 줄 나중에 알았으나 이 말은 나를 일찍 철들게 했고 유년기가 가기 전에 나는 이미 늙어버렸다.

누가 가르쳐 주지는 않았어도 해 뜨는 바닷가 어딘가가 내가 처음 있었던 곳이었을 거란 막연한 생각에 발걸음이 자주 그곳으로 끌렸다. 종일 바닷가에 앉아있다 돌아오면 길가의 하찮은 풀뿌리에도 걸려 넘어지고 울음을 터뜨렸다. 그러면 내 근심의 깊은 태양은 서쪽 하늘에서 오랫동안 머뭇거렸다.

초등학교 시절 미술 시간에 그리는 그림엔 언제나 쪽빛 바다가 일렁였고 청보랏빛 하늘의 한 귀퉁이에선 서러운 태양이 떨어졌다. 선생님은 그때마다 그림에 대하여 묻곤 했으나 대답은 피식 웃는 것이었다. 그러면 난로 위에 올려둔 내 가볍고 얇은 도시락 가장자리엔 눈물 같은 한 방울 김이 맺히곤 했다.

학년이 올라가도 그림은 그대로였다. 처음으로 나의 태양과 바다에 대하여 쓴 것은 3학년 글짓기 시간이었다. 그 후로 내 글은 늘 교실의 뒷벽에 걸렸다. 학교에서 돌아오면 선생님이 선물로 준 연필과 공책을 가지고 마당 가 배나무에 올랐다. 담 너머 길게 보이는 신작로가 물길로 그려지고, 그 물길로 하얀 돛배가 올라오고, 야윈 가지에 창백한 배꽃이 미래의 내 병력을 토설하듯 하나둘 피어나면 나는 어김없이 횟배를 앓았다. 여린 영혼의 깊은 곳을 찾아 떠나는 내 순례의 길은 그렇게 시작되었다.

막내 고모가 시집가고 허전한 심리 상태는 예기치 않은 신비한 체험의 순간을 맞이했다. 서울의 고모부가 내려올 때 메고 온 카메라 속 흑과 백의 세계는 선택의 의지와는 상관없이 지향해야 할 기계적 미학의 꿈이요 목표가 되었다. 중학교에 들어가고 자취를 하면서 학교 앞 사진관에서 대여해 주는 카메라를 들고 사진을 찍기 시작했다.

차가운 금속의 셔터가 냉철하게 가르는 빛과 그들의 경계에서 나의 학창 시절은 언제나 불투명하게 현상되기 일쑤였다. 그늘 속에 아직 숨어있는 투명한 빛을 좇아 허전한 희망의 변두리를 배회하고 있을 때 저녁의 빛처럼 내 가난한 꿈속으로 한 소녀가 들어왔다. 그녀가 내민 손에는 슈베르트의 연가곡 음반 겨울 나그네가 들려있었고 나의 계절은 찬바람 속에서도 따뜻한 꽃을 피웠다.

청년기 대학에 들어가서도 음악의 꽃은 시들 줄 몰랐다. 서점보다는 오디오 가게와 음반 가게로의 출입이 잦았다. 사실 내 오디오의 여정은 어릴 적 할아버지의 축음기에서부터 시작되었다.

빙글빙글 돌아가는 검은 색 음반의 소리 골은 장차 끝없는 오디오의 여정으로 들어가는 고난의 첫길이었다.
판소리꾼 국창 임방울의 SP판에서 한탄조가 애처롭게 흘러나오면 저녁 공기는 우리 집 지붕 위에 붉게 쌓이고, 그의 목구멍이 금방 튀어나온 것 같은 창백한 보름달이 하늘에 떠 있곤 했다.
나는 그의 목소리에서 한 시절의 절정을 보았고, 한 시절의 폐허 가장 깊숙한 곳을 들여다보았다. 소리를 눈으로 듣는 일이 어린 내게 의미를 초월하여 감각의 메타포로서 사진과 오디오의 무한한 세계에 눈을 뜨게 한 것이다.
내게 사진과 음악과 시는 무엇인가? 유년기 때부터 나의 눈과 귀엔 청보랏빛 필터가 끼워졌다. 세월이 흐를수록 필터의 색깔은 짙어졌다. 내게 인식되는 대상은 미래에서 과거로의 일방적인 소통의 힘을 가졌다. 나는 그것을 추억이라고 부른다. 내가 찍는 사진 속에서 대상이 울부짖는 소리와 내가 듣는 음악에서 대상이 그리는 가련한 풍경들과 그리고 내가 쓰는 시에서 애정도 없이 무기력한 생명을 얻는 것들은 서로 대립하고 화합하고 때로는 무화되는 시공에서조차도 미래를 향해 각각 쓸쓸한 그림자를 드리운다. 이 그림자 속에서 나의 태양들은 떠오르고 태양이 흘리는 뜨거운 빛에도 차가워지는 가여운 영혼을 위해 내가 쓴 어두운 글들과, 내가 찍은 우울한 사진들과 내가 듣는 슬픈 음악을 회개한다.

기러기 아빠

시골 어느 학교에 근무할 때의 일이다.
새 학기가 시작되어 한 달이 가도록 결석하는 아이가 있었다.
가정방문을 해보니 아버지는 아이가 어려서부터 집을 나갔고
6학년 오빠와 4살 남동생과 연로한 할머니 4식구가 살고 있었다.
일 나간 엄마는 밭에서 다시 돌아오지 못했다.
어렵게 달래어 아이를 학교에 나오게 했다.

어느 날은 아이의 눈이 계속 창밖을 향했다.
어린 동생이 운동장에서 혼자 놀고 있는 것이었다.
아이가 쉬는 시간에 학교 옆 보리밭 풋보리를 따 손바닥으로 비벼
여물지 않은 보리알을 동생의 입 안에 넣어주는 것을 보았다.
그리고는 그런 풍경은 차츰 익숙해져 갔다.

나는 아이의 그 가여운 손을 꼭 쥐어보고 또 쥐어보았다.
아이의 손바닥에 새겨진 것은 그날의 배고픔이었을까
손에서 손금으로 내 몸 구석구석까지 번어가는 슬픔은
마른 날에도 체념인 듯 아이와 나의 눈에 빗방울로 뿌려졌다.
그리고 나는 2년 연속 그 아이 담임을 자청했고,
새 담임을 만난 지 며칠 후부터 아이는 영영 눈에 띄지 않았다.
아이의 작은 아빠가 데리고 도회지로 갔다는 소식만 후에 들었다.

땡감나무

막내 이모는 울며불며 산골 마을로
시집을 갔다
어머니가 그리워 이모는
늙은 감나무를 안고 울었다
눈물 같은 땡감들이
방울방울 열렸다
이모의 눈물보다 떫은 것들이
떨어지면 아무도 줍지 않고 버려졌다

봉옥시 골감 접시감 장두감
내노라 하는 감 먼저 익어
다 떨어지도록 땡감나무는
아무도 쳐다보지 않았다
이모의 눈물도 차츰 마르고
땡감은 사람의 눈물보다
진하게 익어갔다
상강 동지 지나도록 붉게 익었다
찬 겨울 하늘에 눈발 날릴 때
땡감 하나 따먹고
겨울 까치는 후회의 울음을 붉게 울었다

똥통에 빠진 교장 선생님

아침 TV에서 방영한 한국의 나무들이란 프로에 커다란 탱자나무가 소개되었다. 그처럼 큰 탱자나무는 보지 못했다. 우리 어렸을 때 탱자나무는 가장 흔한 나무였다. 가시가 촘촘해 울타리용으로 많이 심어서 내 기억 속의 봄은 언제나 탱자나무 꽃잎들 사이에서 짹짹거리는 어린 참새의 노란 부리로부터 왔다. TV를 보고 있는 동안 문득 마음속 깊은 곳에서 추억 하나가 탱자나무 가시가 되어 두꺼운 세월의 껍질을 뚫고 나온다.

"우리 학교엔 개가 살고 있어요. 개가… 어미 개 한 마리와 새끼 개들이 살고 있어요."
운동장 조회 때 확성기에서 울려 나오는 쩌렁쩌렁한 교장 선생님의 목소리에 놀라 아직 피지 못한 탱자나무꽃들이 한꺼번에 화들짝 피고,
"그래그래 맞아 그래…."
새끼 참새들의 합창에 어디까지 꽃이고 어디서부터 새소리인지 모를 때 B 선생님은 얼굴을 푹 숙였다.

B 선생님은 3월 초 우리 학교에 새로 온 음악 선생님이었다. 영문학과를 갓 졸업한 임시 교사였다. 선생님은 피아노와 하모니

카, 기타를 치며 교과서에 없는 곡들도 가르쳐 주고 이따금 판소리도 직접 불러주었다. 나는 어릴 때부터 판소리를 듣고 자라서 선생님의 판소리 실력이 보통이 아니라는 것을 알았다. 그리고 선생님이 직접 피아노로 연주하는 쇼팽의 즉흥곡 C샵 단조는 나도 모르게 더 깊은 클래식 음악의 오솔길로 안내하고 있었다.

학교는 ㅁ 자 모양으로 탱자나무 울타리에 둘러싸여 있었다. 뒤쪽 울타리 밖에는 교장 선생님 관사가 있고 관사엔 방이 두 개여서 교장 선생님과 B 선생님은 한 집에서 각각 자취를 했다. 언제부터 뚫려 있었는지는 모르지만 그쪽 울타리엔 커다란 개구멍이 나 있었는데, 교장 선생님과 위쪽 동네 아이들은 그 구멍을 통해 학교로 들어갔다. B 선생님도 자연스럽게 개구멍을 통과했다. 교문까진 300여 미터를 돌아가야만 했다.

학교 뒤뜰의 화사한 살구꽃이 만발한 봄날 토요일 아침 예쁜 영어 선생님이 얼굴이 수줍게 붉어지며 말했다.
"오늘 아침 학교에 오는데 제 치마에 스친 것은 무엇이었을까요?"
"음악 선생님의 손길…!?"
한 개구쟁이 녀석이 퉁명스럽게 대답했다. 영어 선생님 원하는 답은 봄바람이었다. 이렇게 교실 안에도 봄바람은 일고 음악 시간까지 불어갔다. 영어 선생님이 이야기를 B 선생님에게 했는지 선생님은 상기된 얼굴로 그 개구쟁이에게 소리쳤다.

"내일 일요일 10시까지 학교에 나와…."

 순간 음악실은 조용해졌고 이어진 선생님 말씀에 아이들은 서로 손을 들었다.

"또 나올 사람 없어? 나랑 할 일이 있는데…."

다음날 학교 근처에 사는 아이들이 10여 명 나왔다. 음악 선생님은 창고에서 삽과 곡괭이들을 가지고 나오고 우리는 선생님과 함께 개구멍 안쪽으로 커다란 구덩이를 팠다. 깊이가 1m 넘도록 팠다. 그리곤 울타리 밑에 깊이 30cm 구덩이들을 열 개 넘도록 더 파고 호박씨를 심었다. 학교 재래식 화장실에서 똥을 퍼다 흙구덩이들에 넣고 흙을 덮은 다음 씨앗을 심었다.

월요일 아침이면 교장 선생님이 내리던 버스도 지나갔는데 운동장 조회도 없고, 첫 시간 시작 시간이 되었는데 영어 선생님이 들어오지 않았다. 나는 교무실 문을 노크하고 조심스럽게 열었다. 순간 똥냄새가 왈칵 콧속으로 밀려오고 선생님들의 눈빛이 모두 나에게 꽂혔다. 이어서 뒤따라온 우리 반 개구쟁이 녀석이 외쳤다.

"음악 선생님, 누가 커다란 호박구덩이를 망쳐놨어요. 엄청 큰 개가 그랬나 봐요."

그때 나는 보았다, 교장 선생님의 눈빛에 뻥 뚫리는 음악 선생님의 얼굴을. 그리고 음악 선생님은 더 이상 볼 수 없었다. 정식 발령이 났다는 소문만 들렸다. 탱자꽃이 지고 눈물 같은 탱자 열매들이 맺히는 날 예쁜 영어 선생님도 울면서 인사를 하고 떠나갔다.

"음악 선생님이 떠났어요,"

"영어 선생님이 따라갔어요."

"교장 선생님 머리엔 호박꽃이 피었어요."

누가 가르쳐 준 적도 없이 아이들은 노래하고 봄날은 갔다.

뻐꾸기가 운 사연

쪽배는 기우뚱 출렁이며 노를 저어 저만치 천천히 가고 있었다.
보리밭 속에서 보이는 배는 위태로워 보였다.
숨어서 보는 나보다 작은 배가 불안해 보이는 것은 왜였을까.
기울기 시작하는 해는 시간에 대하여 말할 게 아무것도 없었다.
노의 삐걱거리는 소리와 뒤따라 날며 끼룩끼룩 우는 갈매기의 울음소리 사이에서 배 위에 앉은 사람의 흔들리는 실루엣이 나의 시야에서 균형을 가까스로 맞추는 바로 그 순간 눈으로 보면서도 믿을 수 없는 일이 일어났다.

대학을 졸업하고 잠시 집에 내려와 있던 중 섬 학교에 근무하는 선배로부터 연락이 왔다. 여름 방학 전까지 한 학기만 와서 봉사를 해 달라는 것이었다. 교감 선생님이 수업을 하는 작은 학교였는데 대체 강사를 쓰고 있었다.

바닷가 기슭에 지은 지 얼마 되지 않은 깨끗한 학교였다.
주위엔 인가가 없고 보리밭과 감자밭이 학교를 에워싸고 있었다.
아이들과 내겐 너무나 즐거운 하루하루가 지나갔다. 음악 시간엔 나의 오르간 반주에 아이들은 신기한 듯 따라 불렀다. 학창 시절 공부보단 하모니카, 기타를 들고 돌아다녔던, 불량 학생이었던 내가 여기선 인기 교사가 되었다. 그리고 이곳에서의 추억들은 책 밖에서 쉽게 만들어지고 있었다.

어느 날 수업 중 교감 선생님이 급히 오셨다.
빨리 학교 옆 보리밭에 들어가 숨어있으라는 것이었다. 노랗게 익어가는 비릿한 보리밭 고랑에 들어가 앉아있었다. 까칠한 보리밭에서 내려다보이는 선창가에 쪽배 하나가 들어오고 세 사람이 내렸다.
한 사람은 우리 학교 기사 아저씨고 둘은 처음 보는 중년의 남자들이었다. 그리곤 마중 나간 교장 선생님과 교감 선생님이 몸을 숙여 인사를 하는 걸 보니 높은 분들이 학교에 오는 것 같았다.

불시 점검을 나왔는지 두 장학사는 창고며 숙직실이며 모두 들여다보고 다녔다. 나를 보리밭에 숨으라고 한 것은 이유가 있었다. 교감이 수업하는 학교에서 대체 강사를 쓰고 학교 운영비에서 강사료를 지급하는 것은 정상적인 일이 아니었다.

학교 위 언덕 너머론 감자밭이 산기슭까지 층층이 펼쳐져 있었고 감자꽃들이 하얗게 피었다. 뒷산에선 뻐꾸기가 울었다.

뻐꾸기는 울음을 내게 끝까지 들려주고 싶지 않은지 나의 귓바퀴 뒤에 남은 울음을 감추듯 '뻑'은 크게 '꾹'은 참는 듯 울었다.
땡볕 보리밭 속에 앉아있는 것이 괴롭기보단 서러웠다.
나는 주머니에서 하모니카를 꺼냈다.
하모니카가 뻐꾸기의 울음을 받아먹고, 다시 뻐꾸기가 하모니카 소리를 뱉어내고 더 이상 마주할 울음이 없을 땐 서로가 서로의 울음으로 울었다.
"훠이 훠이- 웬 뻐꾸기가 보리밭에서 운다냐?"
훠이 훠이 교감 선생님의 목소리가 다급했다.

장학사들이 업무를 마치고 돌아가고 있었다.
교장 선생님, 교감 선생님, 학교 기사 아저씨가 함께 아래 선착장까지 내려갔다. 두 장학사와 기사 아저씨 세 사람이 놋 배에 오르고 기사 아저씨가 노를 저었다. 선착장에서 건너편 육지까진 2킬로미터 남짓, 뉘엿뉘엿 넘어가는 해와, 붉은 노을 위에 새털구름이 떠 있었다.
멀어져가는 쪽배를 바라보는 교감 선생님의 마음이 구름보다 더 가벼워 보였다. 바다와 건너편 육지의 산과 하늘의 요지부동의 세계를 내 생각의 범위로 제한할 때, 그때, 멀리 육지와 섬 한

가운데서 배가 뒤집힌 것이다.

배는 함지박을 엎어 놓은 듯 둥둥 떴다.
한 사람은 학교 앞 바닷가 쪽으로 헤엄쳐 오는 것이 보였지만 다른 두 사람은 모습이 보이질 않았다. 누군가 아랫마을로 뛰어가고 시간이 얼마 흐른 후 통통배 하나가 아랫마을 쪽에서 헐떡이며 나아갔다.
기사 아저씨는 1킬로미터를 헤엄쳐서 나오고, 두 사람은 엎어진 배 속의 공기가 찬 부분에 목을 내놓고 배를 붙잡고 있었다.
바다에 익숙한 기사 아저씨가 배가 뒤집히는 순간 두 사람을 각각 엎어진 배 안으로 뒤에서 밀어 넣었다. 배 안엔 공기가 있는 줄 알았고, 세 사람이 같이 있으면 공기가 부족해 모두 위험하므로 자신은 죽을힘을 다해 헤엄쳤던 것이다.

그 후 나는 다시는 보리밭에 숨을 일이 없었고, 뻐꾸기는 더 이상 슬프게 울지 않았다. 그리고 교감 선생님은 나에게 열심히 오르간을 배웠다.
2학기 말 나도 첫 공식 내동경령 발령장을 받고 그 해는 내 상상의 섬 붉은 노을 속으로 저물어갔다.

아버지의 별

"뉘시오?" 천 리 길을 달려온 아들을 알아보지
못하는 아버지,
단단하던 어깨가 힘없이 허물어져 내린 몸을
비스듬히 세우며 묻는다.

등허리의 비탈길 너머로
수없이 뜨고 졌을 아버지의 별이
이제는 퀭하니 깊어진 눈 속에서
힘없이 미끄러진다.
커다랗게만 생각했던 아버지의 손이
내 작은 손아귀 안에 들어간다.

나를 물끄러미 쳐다보는 희미한 눈빛이
순간 별똥별처럼 탄다.
"임방울이구나.."
임방울의 판소리를 좋아하시던 아버지,
내 호주머니에서 울리는 소리에
아버지의 정신이 반짝 돌아온 기다.

아버지의 잃어버린 하늘에
아버지의 별을 다시 띄우기 위해
아버지의 아버지와 그리고
아버지와 나의 탯줄을 태웠던
동네 앞 탯바위에 서서
아버지 만큼 침침해진 눈으로
하늘을 본다.
독수리 몇 마리가 원을 그리며 돈다.
어느 가엾은 영혼을 데려가려는 의식일까.
불명의 아버지의 말소리인 듯
어눌한 어스름 사이로 새어 나오는
집 앞 개울물 소리를 유언처럼 듣고 있다.

미나리 방죽

흙탕물에 얼굴을 담그고
미나리를 심는 어머니
아침에 눈을 뜨면
식구들의 얼굴은 온통 미나리꽃이었다
미나리,
아버지를 기억하지 못해
고개 수그린 꽃
등에 잡풀을 지고
일어서지 못하는 아버지의 꽃

- 시 「미나리」 부분

우리 집 봄은 이른 새벽 아버지가 일어나 숫돌에 낫을 가는 소리로 시작되었다.
아버지의 무딘 왼 낫이 하얗게 날이 서면 날카롭게 빛나는 처마 끝 그믐달에서 어린 나는 비애를 느끼고, 집 앞 미나리꽝은 나의 비애로 질척거리며 말라갔다. 어머니는 우리 집 가난을 에워싸고 흐르는 눈물 같은 사립문 밖 도랑물을 바가지로 종일 퍼 올렸다. 지금도 그때의 미나리 방죽의 비애에 대하여 이해할 뿐 도덕적 결론은 내리지 못하는 나의 기억 속엔 미나리가 무성하다.

오줌 커피

심장과 위가 별로 좋지 못해 20년째 어느 병원에 정기적으로 다닌다.
어느 날 의사에게 물었다, 커피를 계속 마셔도 되냐고. 의사 왈 계속 마시란다, 그것도 믹스 커피로.
나는 위가 약하니까 원두커피는 마시지 말라고 한다. 그리곤 점심 후 달달한 커피 한잔이 인생의 낙인데 그걸 끊으면 무슨 재미냐고 한다. 예약하지 않으면 몇 시간을 기다려야 하는 유명한 내과 의사여서 믿음이 갔다.

나의 영어 연구실은 학교의 뒤편 북향 교실이었다.
빛이 들어오지 않아 여름 외엔 언제나 추웠다.
자연스레 커피가 당겼다. 하지만 나는 커피를 마시면 안 되었다.
20대 시절 나는 어떤 일로 간을 상했다. 교원 정기 신검을 하면 간 수치가 늘 80 이상이었다.

어느 날은 생머리 예쁜 여학생이 수입 고급 커피라며 각설탕과 프리마를 각각 한 봉지씩 책상에 놓고 갔다.
연구실 옆엔 소그만 창고 비슷한 공간이 있었는데 종이컵이 거꾸로 수백 개 이상 쌓여있었다.

조금은 누르스름했지만 한 개를 가져와 커피 두 스푼, 각설탕 두 개, 프리마를 두 수저를 넣어 타 마셨다.
입안에선 달콤한 뒷맛이 다음날도 나를 기다렸다.
그리고 커피와 나의 은밀한 만남은 서너 달간 이어졌다.

교원 정기 건강검사가 다가왔다.
불안했다, 간 기능이 좋지 않은데 커피가 괜찮았을까?
운명의 날은 오고 양호 선생님이 양호실로 불렀다.
가슴이 뛰었다. 불안했다. 왜 나만 부를까?
간이 더 나빠졌을 거란 생각에 걸음이 휘청거렸다.
양호 선생님이 그동안 간 치료를 받았느냐 물었다.
검진 결과에 GPT GOT가 40, 24였다.
80에서 절반보다 더 떨어진 수치였다.
그간 몇 개월 커피를 마셨다고 했더니 양호 선생님이 커피가 간 기능 개선과 간경화에 효과가 있다고 했다.

그때부터 아침에 출근하면 한 잔, 점심 후 한 잔씩 하루 두잔 씩 마셨다.
컵은 영어 연구실 옆 창고에 있는 종이컵을 계속 사용했다. 어느 날 점심 후 종이컵을 꺼내려고 그 창고에 갔더니 양호 선생님이 혼잣말로 두런거렸다.
종이컵이 자꾸 없어진다는 것이었다. 학생들 소변검사용으로 사용한 종이컵들을 버리기 아까워서 씻어 보관해두었다는 것이다.
오 하느님…!!
신을 믿지 않지만 입이 저절로 하느님을 불렀다.
병원으로 뛰어갔다.
간 기능 검사를 했다. 24, 18 더 내려갔다.

지금도 궁금하다.
커피 성분이 간 기능을 좋게 했는지, 오줌 커피가 효과가 있었는지, 그 후론 베토벤의 첼로 소나타 3번 A장조 제2악장 스케르초를 자주 들었다.
기분이 좋을 땐 알레그로로 마 논 탄토로, 다시 알레그로 몰토 스케르초로 익살까지 부려도 보았다.

문학

고향 가는 길

잠결에 아득히 먼 곳에서 음악 소리가 들려왔다. 이웃집 누군가 FM을 틀어놓았나 생각하며 몸을 한번 뒤척이고는 다시 잠에 빠져드는데 아내가 잠에서 덜 깬 목소리로 중얼거렸다.

"모닝콜이잖아요. 오늘 지방에 내려간다면서요."

"그렇지, 오늘 장흥에 내려가기로 한 날이지."

잠에 취해있는 눈을 비비며 창가로 다가갔다. 이미 아침 6시인데도 아직 어두운 창문에 적이 당황했다. 밖엔 비가 주룩주룩 내리고 있었다. 아니 퍼붓고 있었다. 큰비가 올 거라는 방송은 있었지만 언젠가부터 기상청의 일기예보가 빗나가기 일쑤여서 습관적으로 거실 창문 너머 붉게 밝아오는 아침 하늘을 기대하고 있었다. 습관이란 종교와도 같아서 매일 아침 환하게 밝아오는 창문을 물끄러미 바라보는 것만으로도 하루의 죄를 씻은 듯 마음이 편안해졌다. 그러나 창문에 흘러내리는 빗물은 아직 씻지 못한 모르는 죄가 더 있는 것 같았다. 알 수 없는 원초적 불안감 같은 것에 휩싸여 거실을 서성이고 있을 때 전화가 울렸다. 선배의 차분하고 은근한 목소리가 수화기에서 울렸다. 서둘러 채비를 하고 선배의 집을 향해 쏟아지는 빗속으로 차를 몰았다.

선배를 태우고 호남고속도로 들어섰다. 비는 점점 그치고 있었다. 참 신기한 일이었다. 이처럼 좁은 지역에서 어디는 비가 내리고 어디는 개어 있다니, 기상청 사람들의 고충을 알 것 같았다. 안개 낀 산봉우리들이 스쳐 지나갈 때마다 차창은 그 모습을 기억이라도 하는 듯이 한 번 더 흐려졌다. 와이퍼를 돌려 유리창에 서린 김을 아무리 닦아내도 흐릿한 과거의 기억 속으로 달리는 자동차에서 시간만 덜컹거렸다.

"어이, 천천히 가세."

문득 불안한 듯 선배가 말했다. 속도계를 흘낏 보았다. 시속 140킬로미터를 넘어가고 있었다. 고향으로 가는 길은 아무리 빨라도 느리고, 아무리 느려도 빠르다. 내게 속도의 체감은 기억 속에 정지한 세월의 벽 이쪽과 저쪽 안에서 느끼는 것이었으니 느림 하나만으로도 한세월이었던 것이다.

한나절이 지나고 보성 녹차밭을 돌아 장흥읍에 도착했다. 먼저 억불산이 우릴 맞이했다. 저녁놀에 뺨이 반만 붉어진 며느리 바위가 수줍은 듯 반겼다. 우리 고장 장흥에 예로부터 문인이 많이 난 것은 며느리 바위와 관계가 있는지도 모른다. 한사코 자식을 뒤돌아보는 어머니의 근심스러운 눈빛을 더듬어 탐진강은 그윽하게 흘렀고 억불인들의 정서도 촉촉하게 젖었을 것이다. 차에서 내려 탐진강 강가를 걸었다. 지난날의 여러 가지 일들이 떠올랐다. 강물을 따라 가슴 아래가 흘러내리고, 남은 가슴에 어스름을 주워 담는 나의 손바닥은 하얗게 젖고 있었다.

장흥은 한국 문학을 대표하는 걸출한 문인들을 배출한 곳이다. 한 사람의 문학 세계는 그저 이루어지는 것이 아니다. 그가 태어나고 자란 고장은 그를 어떻게 품어 안았는지, 그곳의 들판은 그의 눈 안에 얼마나 낮은 지평선으로 밀려 들어왔는지, 바다와 강은 그의 기억 어디까지 출렁이며 흘렀는지, 그가 내달리던 골목의 끝은 그의 눈빛 안에서 얼마나 어두워졌는지를 알아보는 일이 그의 문학 세계로 들어가는 길이다. 그리하여 지금도 이들 산천이, 심지어는 작은 새가 공중에 찍고 가는 발자국까지도 이곳의 문인들을 어디로 데리고 가는지 궁금했다.

해가 지고 나서 소설가 김석중 선배를 만났다. 우리는 장평 봉림에 시인이 운영하는 카페로 향하고 한 젊은이가 동행했다. 중앙일보 문화부 기자였다. 얼마 전 타계한 소설가 이청준에 대한 자료 수집 차 내려온 것이다. 카페는 하나의 문학 공간이었다. 건물의 외부 여기저기에 세워진 시비(詩碑)나 내부에 걸린 시화까지도 하나같이 범상하지 않은 것이 환갑이 지나 시단에 나온 카페 주인의 문학에 대한 열정을 가늠하게 하는 것들이었다. 육십 평생을 자수성가해온 그에게 남은 삶은 그가 갈망해 온 인간의 참된 조건들에 대한 파악과 실천이었는지도 모른다. 한세상을 굴곡 없이 안락함에 안주해온 나는 투박한 손마디로 사인해서 건네주는 그의 시집을 펴들고 한 사내의 꾸밈없는 생의 냄새를 맡고 있었다.

이튿날 아침 용산에 계시는 부모님을 뵙기 위해 탐진강을 따라 달렸다. 큰길을 두고 순지 앞 강둑을 따라 내려가다 보니 문득 이곳 마을에 사시던 고등학교 은사이신 김용술 선생님이 떠올랐다. 지금은 세상을 떠나셨지만 동네 어귀의 정자나무 아래 서서 한참이나 선생님에 대한 생각에 잠겼다. 여행 중 사고로 돌아가신 어느 선생님의 장례식에서 김 선생님이 직접 쓰시고 읽으신 조사의 한 구절이 떠올랐다. 이 구절은 졸업 후에도 오래도록 기억 속에 남아서 몇십 년이 지난 후에 결국 나를 시인의 길로 안내해준 이정표와 같은 것이었다. 김용술 선생님은 장흥 시의 시조나 다름없다. 장흥고등학교에 근무하실 때 교지 '억불'을 창간하여 송기숙, 한승원, 위선환 같은 장래 한국 문단의 거목들을 길러내셨다. 이러저러한 생각들을 떠올리며 독실포 건너편을 바라보니 선생님처럼 키가 껑충한 왜가리 한 마리가 선생님 특유의 거친 목소리로 울음을 울었다, 오랜만에 만난 제자를 반기는 듯.

첫째 날의 일정은 장흥문화원에서 현지 시인들과 만나 시에 대한 이야기를 나누는 일이었다. 아침 9시에 문화원에 도착했다. 남산 뒤편 중턱에 세워진 건물은 전국 어디의 것에도 뒤지지 않는 규모와 외양을 자랑했다. 장흥 문단의 현주소가 어디쯤인지 알 수 있었다. 아직 이른 시각이어서 남산에 올랐다. 아, 얼마 만에 돌아온 것인가. 오래된 벚나무들도 그대로이고, 멀리 보이는 억불산도 거기 서 있었고, 사자산이 이고 있는 흰 구름도, 제암산이 허리에 두르고 있는 구름도 그대로였다. 40여 년을 외지를 떠돌던 몸뚱이가 타향의 거센 바람에 풍화되어 허물어지는 소리가 고향땅의 귓

속에서 들렸다. 어쩌랴. 지나간 세월을 돌이킬 수는 없는 것, 가슴팍이 깊게 패인 늙은 벚나무가 길게 깔아주는 그림자 속에 희미한 발자국이라도 묻는 일이 고독한 내 삶의 변방으로부터 나와 나의 유년의 중심에 영원히 존재하는 것임을 어찌하겠는가.

10시가 되자 스무 명 남짓한 시인들이 모였다. 김기홍 문화원장의 간단한 소개가 있은 후 절반씩 시인들을 나누어 대담을 했다. 각자 두 편씩 시를 써 왔다. 한 사람씩 자신의 시를 낭독하고 시의 배경에 대하여 듣는 것부터 시작했다. 장흥은 전국적인 문향임을 이미 이야기했다. 장흥의 시가 어떠했고, 지금은 어떻고 그리고 앞으로 어떻게 될 것인지를 현지에 와서 이곳 시인들을 만나보지 않고선 이야기하기 어렵다. 나 역시 고향을 떠나 시를 쓰기 시작했지만 그 토양은 장흥이라는 유년의 텃밭이다.

본래 장흥의 현지 시인들이 50여 명을 넘는 것으로 알고 있었다. 실제 참여한 시인의 수는 그의 절반에 이르지 못했지만 참여한 시인들의 열기는 대단했다. 먼저 한 여자 시인이 어머니에 대한 자작시를 읽었다. 차츰 행이 넘어가며 울먹이기 시작하더니 마침내는 울음을 터트리고 말았다. 시는 진솔한 지기의 표현이다. 나는 나의 시 앞에서 얼마나 진솔했는지 부끄러웠다. 아무런 말도 하지 못했다. 시인의 자발적 감정이 그러한데 그녀의 시를 두고 내가 할 수 있는 말은 없었다. 조금은 요설과 말장난에 익숙한 나는 마음 놓고 어두워지지도 못하고 밝아지지도 못하는 저녁 어스름 같은 불투명한 눈으로 그녀의 해맑은 시의 세계를 들여다볼 수 없었던 것이다. 나는 바짝 긴장했다. 이어지는 시인들의 시들은 지금껏 나의 뇌리에 각인된 얄팍한 시론이나 시에 대한 편견 같은 것들을 깨끗하게 표백하여 순백의 감각의 창문을 열게 했다.

오후 3시쯤 모든 일정을 마치고 순천만을 향했다. 그곳의 갯벌과 갈대밭을 촬영하고 상경 길에 올랐다. 얼마 가지 못하여 비가 억수처럼 쏟아지기 시작했다. 와이퍼를 최대 속도로 작동시켰지만 퍼붓는 듯 내리는 빗줄기는 그렇잖아도 늦은 길을 더욱 더디게 했다. 무거운 기압은 가장 힘이 약한 눈꺼풀부터 내리눌렀다. 사흘 동안의 강행군에 피로가 한꺼번에 엄습해왔다.

"어이, 피곤하지? 이야기 하나 해줄까."

졸음을 뚫고 선배의 입에선 꿈결인지 생시인지 동화 같은 소년시절 이야기가 명주실 풀리듯 흘러나오기 시작했다. 그의 이야기는 한편의 순애보였다. 아니 그처럼 애틋한 순애보는 들어본 적이, 읽어본 적이 없었다. 그제서야 선배가 비련의 천재 문학소년이 될 수밖에 없었던 연유를 알 것 같았다. 빗물에 취한 듯, 눈물에 젖는 듯 그의 이야기는 끝없이 내 잠의 가장자리를 철썩였다. 2시간이 넘도록 어둠 속을 일렁이던 이야기의 여진은 가슴 깊은 곳으로부터 서서히 증폭되어 되돌아 나와 잠의 끝까지 휩쓸어 나갔다. 나의 졸음은 그 여진을 멈추기엔 너무 얇은 것이어서 어느덧 수도권의 메케한 공기가 폐부를 깊숙이 찌를 때까지 잠의 한가운데가 뻥 뚫어져 있었다.

조용한 혁명

전주에서 화실 겸 조용한 찻집을 운영하는 이적요(본명 이경태) 화백을 알게 된 것은 그가 전주 교통방송국 월드 뮤직 프로를 진행할 때 나의 간이역 산문집의 몇 구절을 인용하면서부터다. 그의 초대를 받고 들어선 작업실엔 이전엔 보지 못한 독특한 작품들이 걸려있다. 모두가 색사(色絲)로 한 뜸 한 뜸 수를 놓듯 완성한 그림이다.

숨 쉬지 않으면 고요하지 못할까? 현재의 적막을 믿지 않는 커피 향기는 숙명적인 과거형으로 피어오르고 적요는 비로소 숨을 쉰다. 고독에 갇혀 자신의 한복판에서조차 자신에게 인색한 화가 이적요의 손에서 태어나는 작품들은 단순한 회화적 의사소통이나 재현의 산물이 아니다. 그의 작품 세계는 일반적 견해의 외곽에서 상황과 시간을 초월하여, 소비의 대상이 될 뿐인 기존의 회화에서 탈출하여 유희와 작업이 이어지는 실천을 수용하는 무한한 의미 생산이 가능한 열린 장이요 공간이다.

며칠을 그어대고 며칠을 지우고 난 후에야 그가 흠모해온 체 게바라의 절망은 완성된다. 혁명가가 밟고 온 세월은 낡았으나 아직 젊은 불안감으로 화가가 갓 볶은 원두의 짙은 색깔이 깊은 냄새를 압도한다. 맛이라는 의미에서 보면 새로울 것이 없는 커피 한 모금에도 인생을 거는 그가 스스로 불가능한 것으로 믿는 꿈을 지닌 젊은 혁명가를 흠모하는 이유는 명백해진다. 그리고 한껏 명랑해진 기분으로 선을 긋고 바느질을 하며 과격하게 우울해진다. 그것은 갈망이다. 세상을 한 덩어리로 볶아버릴 것 같은 희망과 빛의 기쁨의 파탄이다.

지독한 우울의 무게에 눌린 날들은 백지 속에 고립되고 그의 다른 날들이 기억 속에서 야위어갈 때 그의 눈을 매섭게 몰아치는 하얀 햇빛을 그의 여인들은 카메라로 변해버린 한 쪽 눈으로 보고 남은 눈은 어둠을 본다. 여인의 눈은 고정된 의미로 환원될 수 없는 무한한 의미의 총체다. 상징과 비 상징의 이분법적 구조는 대상에서 발견되는 다수의 시니피앙들에서 총체적이고 단일한 의미를 재구성하는 의사소통의 목적론적 성격이 아니라 그 의미를 이루고 있는 다양한 층으로부터의 이탈과 의미의 흔들림임을 그는 보여준다.

화가 이적요는 음악을 사랑한다. 그에게 음악은 기억의 저장 창고다. 음악을 뒤져 바느질로 드로잉하는 작업은 시간적 상황이나 현대성에 의존하지 않는다. 회화가 갖는 고유한 상황이 붕괴되는 작업이다. 이 작업의 과정은 탈 중심적인 바람의 길이다. 체험되는 것들과 그저 물리적 공간만을 차지하고 있는 것들 사이, 상징과 속성 안에서 그의 세계는 구성되고 인지되어 시각적인 것들로 회수되는 과정이다. 이 과정은 오늘 마지막 권총의 방아쇠를 당기면 마무리되는 조용한 혁명의 길이다.

젊은 날 잠 못 이루며 흠모했던 체 게바라를 바느질 드로잉하며, 때로 바늘이 더러운 화살이 되어 그의 손가락을 찌를 때 그가 젊은 혁명가를 드로잉하며 찾아 헤맨 것은 무엇인가. 의문은 오늘날 재생산되는 혁명가의 윤리적 의미의 정당성에 대한 물음이 아닌, 미학적 가치의 탐색에 대한 물음이다. 그러나 그 미학적 가치는 화가 이적요에겐 인간의 현상학적인 가치일 뿐이다. 그는 끊임없는 독서를 통해 인간의 근원적인 부정을 확인하고 명멸시킴과 동시에 폭력에 대한 분노의 가치를 정교하게 다듬는다.

천사의 옷을 벗고, 악마의 갑옷을 걸치고 가면을 쓰고 벗는 반복적인 시간들로 중독되어버린 한 남자, 참회까지도 포장해버린 한 남자가 새벽 4시 4분에 가슴이 찢기면서 붉은 피로 한 땀 한 땀 바느질하는 것은 체 게바라 즉, 닮고 싶은 화가 자신의 거친 이상(화가 자신은 미쳐간다고 표현함)이다. 오래된 도구와 풍습들을 화폭에 현란하게 변용 적용시킴으로써 화가 이적요는 현실로부터 역동적으로 벗어나는 색과 형의 차갑고 음산한 경연의 전시장으로 세상의 모든 빛을 이끈다.

캘리그라피

캘리그라피는 손으로 그린 그림문자, 손 글씨의 일종이다. 의미 전달의 수단으로서의 최초 기능을 넘어 자신만의 개성을 표현하는 디자인 글씨체로 광고, 간판, 책표지, 영화포스터, 방송프로그램 타이틀 등 활용성이 점점 높아지고 있는 손 글씨 중에서도 화가 오태식의 캘리그라피는 글자와 그림의 결합이란 특이성을 보여준다. 문자의 표현 면에 있어 행간의 성실성은 그에겐 부자유스러운 것이다. 그는 그림에서 글씨로 말이 오는 도중의 틈을 노린다. 그가 노리는 미의 본질은 표현의 논리 속에 글자에도 그림에도 아닌 그사이에 객관적 사실로 존재한다. 이 객관적 사실은 문자의 공격적인 고독을 감싸고 어루만져주는 일종의 자비 같은 것이다. 누구에게도 방해받지 않고 완전히 혼자 있다는 것은 근사한 일이지만 문자가 그림과 결합하여 새로운 질서 속에 자신을 적응시키는, 문자에게도 그림에게도 뭔가를 결정해야 하는 순간 그는 시대의 정신에 최고의 표현을 부여하는 사람이다.

백여 편의 작품들을 작업하는 백 일 동안 그의 삶은 캘리그라피에 대한 사랑에 의해 소진되었으며 모든 욕망은 이 백일이란 시간에 바쳐졌다. 그의 글자와 그림들은 의미를 단번에 독해 당하면서도 사물, 풍경, 사람, 의미 등의 보편성으로부터 고립되어있다. 손끝에서 다시 태어나는 의미들은 늘 젊고 그 젊음을 지탱해주는 스타일은 오래된 듯한 불안감 같은 것들이다. 그러므로 그의 작품들은 의미가 충만한 시대의 무의미한 일기인 것이다. 그의 웃음 뒤의 아픔, 그의 그녀의 웃음 뒤의 슬픔의 모순은 웃음이 스스로가 아픔인지 모르고 그의 삶 도처에 부딪히고 깨지면서 끝내는 자신이 아픔이란 것을 깨닫게 될 때 그 사전적 의미가 미래에서 기억되리라는 약속이다. 따라서 그에게 약속은 시간에 저당 잡힌 체험이다. 과거에 갇힌 고립의 날들이 길게 드리우는 그림자를 언젠가는 깨끗하게 지울 수 있다는 믿음 하나로 그의 하루는 체험 속으로 습관처럼 온다. 하루는 담담하게 흐리고, 하루는 느긋하게 바람 불고, 다른 하루는 그래서 여유로울 때 다시 하루를 자유롭게 채우는 막막한 비애로 자신의 관상을 읽는 또 다른 하루가 주어진다면 그것은 평생에 빼앗긴 바보의 순간에 인생을 건 그 자신의 업보인 그리움을 읽게 되는 강요받지 않는 외로움일 것이다.

사람이 좋다고, 사람이 너무 좋아 빨리 싫어지고 싶어 세상의 모든 미운 것들을 사랑해버린 반항아 오태식에게 꿈을 찾아 떠나는 길은 걸을수록 헝클어지는 미로 같아서 사랑을 위해 웃음이 먼저 지치고, 웃다가 닿을 수 없는 그리움을 향해 눈부시게 지워지는 길 위에 그는 쉼표처럼 서 있다. 꿈을 찾아 한 번 더 비상하기 위해 몸이 마음이 생각이 다시 웃는 그에게 오는 어떤 기쁨도 자율의 힘을 이기지 못한다. 슬픔의 벽 앞에서 유쾌하게 웃으며 몸뚱이의 속이 영혼으로 비워지고 나서야 비로소 그에게 세상의 아름다움이 보인다. 주웠다 놓아버린 누군가와의 인연도, 애써 기억나지 않는 그리움도 죽음을 한순간의 삶으로 바꾸게 하지 않는 것은 삶과 죽음의 아름다운 성찰을 위한 그의 기도에서 보듯 그는 현실의 시간 안에서 죽음을 살아가기 때문이다.

시인이기도 한 오태식에게 봄은 눈물의 계절이다. 외로움이 꽃 피우고 지는 계절이다. 뼈저리게 겨울바람을 견뎌온 것은 외로움, 겨울바람이 아는 그의 외로움은 그의 눈동자를 출렁이게 하여 순결한 눈물은 흘러넘치고 눈물이 겨울바람과 함께 추락하는 곳엔 어김없이 봄꽃은 핀다. 그에게 봄이란 계절의 시간은 부재의 시간이어서 눈부신 계절을 느낄 수 없는 감각 위엔 외로운 안경이 두꺼운 상흔처럼 껴 있고 암흑도 없이 눈먼 삶이 견뎌온 봄의 하늘엔 별의 꿈같은 산수유꽃이 떠 있다. 그러다가도 뜨거운 열정을 겨냥해 소나기가 퍼붓고 지나가면 햇볕 아래 쓰러져 영혼이 흘러 나가 버린 텅 빈 육체의 유혹을 그의 여름은 거절하지 못한다. 그리고선 한 계절을 그는 그리움을 앞세워 마중 나간다. 그리움과 계절이 서로 만나 섞이는 저쪽은 저쪽에선 뿌옇게 보이지 않는 이쪽의 순결함으로 먼저 서럽게 얼룩지고 가을은 그렇게 붉게 물들어갈 때 그는 체념인 듯 순백의 노래로 그의 세월 속에 체류하는 겨울을 맞이한다.

그의 붓이 지나간 자국 아래서 위로 비가 뿌려지고 그의 심장은 눈물 한 방울로 가슴속에 맺힌다. 위에서 아래로 그걸 들여다보는 여인의 눈동자는 사람인(人) 자의 정점에 함께 피운 꽃 한 송이, 반성도 없이 게으른 버드나무 가지 끝엔 무채색의 해가 열리고 그 아래 흐르는 강물 속 물고기들의 눈 속에선 사람의 눈동자들이 여물어간다. 태양은 다시 작열할 것인지, 햇빛을 대지

속에 구겨 넣어 어느 때 황무지에 꽃 한 송이 피워낼 것인지 그의 인간세계는 여전히 달밤이다. 그러나 절망처럼 뒤틀린 달빛 번는 매화나무 가지를 분노인 듯 내일의 태양을 향해 품어 안는 달항아리 속에 그는 꽃의 거대한 뿌리인 산을 간직한다. 달과 그만이 유일한 작업실에 앉아 그는 찻잔 속을 바라본다. 산이 잠기고 그 위로 뜨는 검은 별자리 사이를 물고기들이 헤엄쳐 다닐 때까지 그는 바라보고 바라볼 뿐 찻잔 속을 이해하지 않는다. 이해는 늘 호의적인 것이 아니어서 그가 그린 꽃에서 눈물이 맺히거나 강물이 강을 떠나 산으로 흐르는 것에 대하여 냉랭하다. 본 작품집의 전편을 지배하는 그리움이 달이 떠난 그곳의 둥근달(항아리)임을 그는 이미 인식하고 있기 때문이다.

정남진신인문학상

예심에서 올라온 응모작들을 전기철 시인과 조윤희 시인 그리고 나 배홍배 셋이 차례로 읽으며 A B C 점수를 매기고 우수작 4명을 선정한 후 다시 심사하여 최종 수상자를 선정하기로 하였다. 장승은의 「손에 대한 짐작」 외 4편, 문은성의 「무대 연출자의 권고」 외 4편, 김경린의 「일요일의 연대기」 외 4편 그리고 성금숙의 「우리의 목」 외 4편이 먼저 뽑혔다. 장승은은 언어 속에 내포된 것들이 스스로 파괴되거나 위협당하여 재생성되는 시어들을 배열하는 힘이 한두 편 작품에서 눈에 띄나 그 힘이 지속직이지 못한 아쉬움이 있었다. 문은성은 신선하고 발랄한 시적 태도와 때로는 눈을 번쩍 뜨게 하는 충격이 유쾌한 당혹감을 불러일으키기에 충분했다. 그러나 가볍고 현란한 기교는 머리끝까지 불태우지만 이내 허공으로 사라져버리는 공허함이 시를 읽고 난 후 찾아오는 것은 어쩔 수가 없었다. 남은 김경린과 성금숙의 시를 놓고 세 명의 심사자가 숙고한 끝에 두 사람을 공동 수상자로 선정하기로 합의했다. 각각 모던함과 전통성에 있어 우열을 가리기 어려울 만큼 완성도가 높았기 때문이다.

김경린의 시는 잘 읽힌다. 시에 쓰인 소재나 시대와의 상관성, 인간 생활의 반영 등의 시를 보는 시각의 문제로부터 자유롭다. 응모한 다섯 편의 작품들에 사용된 언어 조건이 시인의 시 세계를 문제 삼을 만한 비판의 환경을 초월하고 있다. 본문을 읽는 내내 시에 대한 몰입과 자주 충돌하는 환각적 성향의 이미지들은 기존의 시에 도전하는 언어의 유희나 낯선 충격이 아닌 명백한 쾌감으로 다가온다. 작품 「일요일의 연대기」의 빙하기를 건너 일요일을 횡단하는 매머드를 사냥하기 위해 칼을 가는 엄마, 그리고 바람 속으로 사라지며 그녀와 맞서는 시적 화자가 전후 모순의 대립 항을 이루게 하는 것이나, 환유적 보상의 억압된 공간인 얼음 식탁이 몇 등분된 사과와 텔레비전에 나오는 낯익은 사람들에 의해 완곡하게 와해되는 결말은 시인의 놀라운 솜씨를 보여주는 부분이다. 작품 「푸른 수염」의 /늘 새장 속에 들어가 있지만/내가 새라는 것을 아무도 믿지 않았다/…/새장의 문은 열릴 것이고/아직 날개는 돋지 않았다/ 부분과 작품 「낯선 뱀 한 마리」의 /천천히 움직이는 뱀을 보며 나는 가끔 방에서 길을 잃었다/…/소름의 돋는 살결로 포옹하는 방법을 찾고 있는 중이다/에서 보듯 의미상으로 상충하는 인식의 언어로부터 상호 등가의 교묘한 의미론적 변용이 발생하게 하는 언어적 적절성 또한 탁월하다. 이어지는 작품 「잠자는 인형과의 동거」의 /아무 일도 없는 오후/빨래 건조대가 바람에 쓰러진다/ 와 작품 「딴짓」의 /이별을 위해 부케를 던지는 나/ 부분 역시 김경린 시인의 배타적인 어휘들이 주는 통일된 언어의 미적 충격을 경험하게 한다.

성금숙의 시는 안정되었다. 전통적인 시의 형식에 충실하게 봉사하고 있다는 의미가 아닌, 관례적인 시의 변별을 무효화시키고 있다는 뜻도 아닌 세련되고 완전한 시의 정의를 보여주고 있다는 말이다. 감각적 경험에 의존하면서도 어떤 일차적 묘사도 제외한 채 묘사되지 않은 전제들의 여백 속에 숨은 대상들을 묘사한다. 각각의 의미 항들은 서로를 계속 지시하며, 서로의 의미들을 무효화시키면서 3차적 의미를 생성하는 힘을 보여준다. 작품 「우리의 목」에서 우리와 우리는 동음이의어로 쓰인다. 우리라는 한 단어 속에 주지와 매체가 동시에 포함되어있다. 대체로 시에선 매체에 의해 주지가 현상되는 동기의 부여가 일반적인데 시인은 유추의 근거를 생략하고 있다. 우리의 빛나는 사전적 명시성의 그늘에 은폐된 원관념이 직관되는 유머러스한 시적 풍경을 연출하는 독특한 능력을 성금숙 시인은 지녔다. 평범한 일상 소재가 독자에게 주는 심리적 효과를 불러일으키는 전달의 문제, 즉 시적 수사학의 과제는 이 같은 독특한 시적 연출력에 의해 이미 해결되고도 남음이 있다고 말해도 좋을 것 같다. 작품 「진동하는 침묵」의 /당신이란 문장을 떠올리면/일렬로 날아가는 새들이 흩어지고/…/당신에게 나는 검은 사람/…/천 개의 먹칠한 숫자/에선 확장된 심상 혹은 병치 영역으로 던져지는 언어의 궁극적인 아찔한 속도감을 체험하고, 작품 「눈」의 /사람을 뭉치면 덩어리가 됩니다/ 부분과 작품들 「훔쳐서 쓰다」와 「눈물이 핑 돌다」의 /초록이 죽고/초록이 번진/초록을 훔쳤지/ 부분, /밥값을 계산하다 바닥에 떨어진 동전이 돌다 쓰러진다/돌지 않는 돈을 세다 아스피린을 삼킨 오렌지 분식 사장님/ 같은 표현은 어둑한 시의 무대에 첫발을 딛는 시인 스스로에게 깔아주는 찬란한 빛의 그림자를 보는 느낌이다.

시인수첩

얼마 전 텔레비전에서 요즘 잘 나가는 한 소설가와 독자들과 대담하는 프로를 시청한 적이 있다. 그 소설가는 본래 대학 문창과 시절 시인 지망생이었으나 도중에 소설로 전향했다고 한다. 시를 써서는 지도 교수에게 핀잔을 맞기 일쑤였으나 소설을 써 가면 칭찬을 받았기 때문이었다고 한다. 그녀에겐 시보다 소설 쓰기에 재능이 있었다고 생각하겠지만 어렸을 때부터 시인이 되는 것이 소망이었다고 하니 시적 재능이 남달랐음은 틀림없다.

오늘날 시는 독자들에게 거의 외면당하고 있다. 텔레비전 방송에서도 소설이 대세라고 말한다. 시는 오래전 독자를 잃어버린 것은 사실이다. 그 원인은 어디에 있을까. 혹자는 인터넷의 보급과 영상 산업의 발달에 있다고 한다. 그렇다면 요즘 소설이 많이 읽히고 있는 현상은 어떻게 설명될 수 있을까. 소설가는 독자를 대상으로 독자의 입장에서 쓴다. 소설가의 경쟁 상대는 소설가 자신이 아닌 독자이다. 그러나 시인은 언젠가부터 독자들과의 교감은 염두에 없다. 시인은 시인을 위해 쓴다. 자신 혹은 다른 시인들이 경쟁 상대가 되는 것이다. 시인만큼 시 읽기에 훈련이 되지 못한 일반 독자들로서는 오늘날의 시는 외계인의 글처럼 난해하다.

요즘의 시들을 읽으면 시인의 얼굴이 떠오르지 않는다. 예전엔 시집을 펼치면 시인의 얼굴뿐만 아니라 시인의 숨결까지 느껴졌다.

시는 독자에게로 가는 길을 잃어버렸다. 독자에게 닿지 못한다. 시는 위안을 필요로 하는 사람들의 마음을 적시고 고요히 사라지는 잔잔한 호수의 파문 같은 것이어야 한다. 때로는 벅찬 감동을 필요로 하는 이들을 위해 곡의 리듬을 몰아가는 지휘자의 호흡 같은 것이어야 한다. 그때 시인은 참된 시인이 될 것이고 시 속에서 다시 살게 된다. 우리의 의도와는 다르게 발전하는 역사 속에서, 때로는 포악하기조차 한 역사의 흐름 속에서 나의 시 쓰기는 역사와 나의 화해를 위한 행위였다. 상상하기 어려운 극단적인 사회현상의 변화를 끊임없이 제자리에 되돌리려고 시도했다. 이는 시간의 진행과 내가 충돌하는 지극히 사적인 경험이기도 하다.
인간은 본래 역사에 예속되어 있다. 사람은 역사의 부속물이며 역사의 재료이다. 지금까지의 역사는 우리의 희생만을 일방적으로 강요해 왔다. 우리의 내면에 존재하는 실체야말로 역사의 흐름이다. 그러나 우리의 내면은 밖에서 일어나고 있는 시류에 스스로 휩쓸려 갈 때를 기다리고 있었던 것이다. 그렇다고 나의 시가 역사에게 뭔가를 계시하고 의도하지는 않는다. 내 시 쓰기의 사명은 늘 그랬듯이 내면에 고여 있는 통시적인 인간의 언어를 개발하고 발굴해 냄으로써 역사의 흐름을 초월한 충일된 감각의 미에 생명을 불어넣고자 하는 것이었다.
오늘날의 사회는 하루가 다르게 발전한다. 몇몇 발명가들과 정치가 사업가들이 세상을 이끌어가는 시대다. 그들이 세상을 이끌어가는 원동력은 새로운 것에 대한 호기심이다. 호기심은 감탄과 분노로 이루어져 있고 사람들은 이들의 호기심에 대하여 민감하게 환영하고 때로는 동정심을 느끼다가 결국에는 관대해진다.
이것은 자연의 완전한 법칙은 아니다. 관대함이란 현상에 대한 가장 연약한 반응이며 항거로 보이지만 사실 관대함은 가장 명확한 반응이며 경탄이다. 그러나 요즘의 시단 흐름 속에서 몇몇 시인들을 제외하곤 관대한 가슴을 가진 시인을 찾아보기 어렵다. 대부분 오늘의 시인들은 호기심의 첨병 노릇을 하는 것 같다.
새로운 것에 대한 호기심은 발전과 퇴보의 보조 역할을 한다. 발전이 유형적인 것이라면 퇴보는 무형적인 정신에 해당한다. 발전은 시작이고 퇴보는 기억이다. 발전은 새로운 것을 생각하게 만든다. 그러나 퇴보는 지나간 것들을 늘 기억하게 한다. 기억은 단순한 추억이 아닌 그리움이다. 그리움은 시인이 견디는 인간의 영혼이다. 모든 세상과 우주는 시인에게 집중하고 시인에게서 완전한 솔직성으로 그들이 가진 모든 결점을 용서받는다. 그러나 요즘의 시집에서 시인의 얼굴이 떠오르지 않는 것은 무엇을 말하는 것인가.
증오의 본질은 솔직함이 겪어야 하는 시련이다. 현대 사회에서 매일 일어나는 경멸스러운 일과 그것을 바라보는 증오에 찬 눈길과 표정을 연기하는 시인들은 세상에 대하여 대리 속죄하는 것이다. 그러나 이러한 속죄가 자신을 세상에 넘쳐흐르게 하지 않는다면, 그의 내부에서 모호하고 무한한 인생의 닻에 걸린 시인이란 이름을 가진 한 연기자의 세상에 대한 애매한 세상 판단은 스스로를 지치게 하고 말 것이다. 좋은 시는 오래도록 공동의 것이고 모든 계층의 휴식의 시작이다. 소란과 혼돈으로부터 대중을 구원하는 맑은 인간은 그의 눈에 비치는 것들의 영원한 해설자가 될 것이다.

요즘의 시들을 나름대로 호의적으로 침착하게 읽어볼 때가 있다. 비 감각적인 사고가 감각적인 용어로 표현될 때 독자가 경험한 유사성에 의해 명료해지는 이미지를 통하여 사고가 고양되는 것이 시의 현실이지만, 요즘의 시들에선 독자들이 경험한 유사성이 배제되고 있다. 정의되지 않은 미지의 사물이나 사상이 그대로 미지의 견지에서 정의된 채 표류한다. 물론 회화나 조각 같은 예술 측면에서 본다면 이는 부분적으로 정의될 수도 있겠지만 이는 시각이나 청각에 의존하기 때문에 인간의 사고를 통하는 유사성과는 거리가 멀다. 자칫 현란한 수사학적 과장으로 시 현실을 포장함으로써 영혼 혹은 자아를 자신에게로 가까이 끌어들이지 못하고 오히려 무의식의 황무지를 헤매게 하는 것이 아닌지 모르겠다.

오늘의 시는 인습이나 고정관념 혹은 감정의 폭정으로부터 참된 나를 해방하는 일이 커다란 몫을 차지한다는 것은 부인하기 어렵다. 그러나 독자 경험의 불확실성이라든가 필연적인 것 혹은 불완전성의 전형으로 인습에 의존할 뿐 개별적인 것은 창조해 내지는 못한다. 시인은 어떤 시대이건 어떤 조건에서건 진실한 자신 혹은 영혼을 발현해야 한다. 시인은 불가지론자이다. 자신이 생각하고 느끼는 것이 절대적이라고 주장하지 않는다. 그러므로 시인의 행동과 언어 표현은 늘 보편적인 사람들의 철학의 재료가 되어야 한다.

이런 관전에서 나의 시 쓰기는 철저하게 이미지에 의존한다. 이미지는 오감과 상상으로 그려볼 수 있는 징시적 복합체이다. 화가나 음악가나 소설가가 그려내지 못한 것들을 총체적으로 나타낸다.

회화나 음악이나 산문은 사용 언어가 어떤 언어로 번역된다 하더라도 손상되는 것이 없다. 그러나 모국어로 쓴 시는 외국어로 옮길 때 외국인의 귓가에만 호소할 뿐이다. 모국어가 가지고 있는 잔향이나 행간에 숨어있는 의미들은 감성이 아닌 지각의 관점에서 정의되고 만다. 우리말이 갖는 장점은 알파벳을 쓰는 언어들과 같은 소리글자이면서도 뜻글자의 성격도 함께 지니고 있다. 따라서 지구상의 언어로 시인에게 가장 알맞은 언어가 한글이 아닌가 한다. 자꾸만 우리글 표현의 외국어성을 따라가는 요즘의 시들을 볼 때 안타깝다.

오늘날 시가 독자에게 외면되고 시인들의 전유물이 되어버린 시점에서 시의 사회적 기능을 생각하지 않을 수 없다. 지금까지 이야기 한 시의 본질에 대한 변화 이외에도 여러 요인들이 있다. 본래 시는 그 목적이 명확했었다. 종교적 주술이나 병을 치료하는 일로 사회적 목적에 충실했었다. 이때의 원시적 형태의 시에선 인간의 기억이 커다란 역할을 했다. 우리 시에 대하여 모국어를 사용하는 사람이 가지지 못한 가치를 우리는 가지고 있다는 점에서 다른 예술들과는 분명 다르다는 것을 이미 앞에서 말했다. 오늘날 우리 청소년들이 우리 것의 가치보다 외국의 것을 따라가는 경향은 우리 시를 읽지 않기 때문일 것이다. 그런 경향은 젊은 시인들의 우리 시의 본질이 아닌 범 국제 언어성에, 특히 영어 어법에 입각한 시 쓰기에 기인한 것인지도 모른다. 외국의 관광객들이 우리 것을 보고 싶어 하듯 외국의 시인들은 우리 시, 특히 시조에 관심이 많다는 것을 기억해야 한다.

시인으로서 시인의 직접적인 임무는 모국어에 대한 사랑이다. 일부 특별한 감정을 가진 시인은 우리 모국어의 한계를 참을 수 없을 것이다. 모국어의 생명은 시인들에 의해서 결정지어지는 것은 아니다. 사회적인 요인이나 개성의 개별적인 제반 요인들 속에서 스스로 억제할 수 없는 복잡한 환경에 의존한다. 나는 영어를 전공했고 영어로 밥을 먹고 살아왔다. 영어로 쓰인 명시라고 하는 시들을 아무리 읽어보아도 우리 시의 삼류 시만큼도 감흥이 일지 않는다. 영어로 번역된 우리 시를 읽어도 마찬가지다. 우리말의 사회적 기능, 나아가서는 우리의 정서를 이끌어간다는 신념으로부터 탈피하지 않기를 나 스스로 바랄 뿐이다.

그녀들 비탈에 서다

한 작품의 성패는 작가의 의식이나 사상에 의해 좌우되던 시대가 있었다. 지난 80년대를 지나오면서 시대적 실체의 파악과 원상회복에 대한 욕구가 우리 문학의 기본 전제가 되었었다. 이는 격동의 시대를 살아가는 사람들에게 심리적 욕구 충족과 동시에 교훈적 효과를 가져다주는 시의 효용성으로 작용하였다. 심리적 욕구 충족에 있어 뛰어난 업적을 이룬 동시대의 시인은 몇몇 있었으나 교훈적 효과에까지 시야를 넓힌 시인은 별로 눈에 띄지 않았다. 독자들의 수용 능력에 의존하는 시인의 시적 의도는 시 속에서 강력한 생명력을 유지하면서 지성과 교양으로서의 역동적 실체로 존재하는 것이라 할 때 시를 독자에게 전달하는 수사학적 문제와 관련이 있었던 것 같다.

오늘날의 시단에선 작가의 의식이나 수사학적 문제에 대한 주된 담론을 찾아보기가 어렵다. 시를 그 자체로서만 이해하고 평가한다. 시대적 상황의 개입이나 시인과 독자 간의 소통은 시의 읽기에 방해가 될 뿐이라 여긴다. 시는 어떤 상대적인 것이 아닌 절대적인 것으로, 그것이 갖고 있는 언어 조건으로 문제가 된다. 현대시의 언어는 최소한의 정서적 반응을 노리는 것임에 틀림없다. 이 같은 시 문단에 등장한 이기와 시인은 사뭇 특별함을 보인다. 그녀의 시는 무 담론의 현 시단에 던져진 하나의 물음이다. 이해가 아니 인식으로 받아들여지는 오늘날의 시 읽기 정론에 관습과 전승적인 것으로 도전하고 있는 그녀의 시는 범박(汎博)한 난제가 아닐 수 없다.

이기와의 시는 이해를 위한 특별한 지적 훈련이나 교양 혹은 문화적 배경을 필요로 하지 않는다. 읽히는 대로 수용하면 되는 것이다. 시인의 취의(趣意 sense)는 개념과 논리를 벗어나지 않고 곧바로 전달되어 읽는 사람으로 하여금 즉각 반응하게 하는 상관성을 갖는다. 시인과 독자 사이의 의식의 배열구조는 늘 일정하다. 읽는 사람이 별도로 목표로 하는 것은 없다. 그녀의 시는 우리의 고통스러운 삶의 일기이다. 시인과 독자 간의 의식이 통일적으로 이루어지게 하는 심리적 반응이 매우 좁은 범위의 시공간 안에서 일어난다. 그녀의 시 소재가 우리의 경험에 의존하고 있기 때문이다.

오늘은 밥을 먹다 말고 코피를 쏟았지
왜 밥을 보면 코피를 쏟는지 모르겠어.
꽁꽁 얼어붙은 12월의 비탈길로
넝마와 고물을 싣고 돌아오는
계부의 리어카를 떠올린 게지
공사판 함바집에서
동태 대가리를 내려치다
제 무고한 손가락까지 토막 내

매운 국물을 끓여내던
문맹의 어머니를 떠올린 게지
언니의 주민등록증을 복사해 위장 취업한
14살의 공순이였던 나의 연민을 떠올린 게지
더 이상 숨을 곳이 없는 다락방까지
불도저처럼 밀고 들어온 쌀벌레나
일어도 일어도 밥알에 섞이는 돌처럼
대낮에도 어둠이 찾아오는지 모르겠어
된 겨울이 당도한 공동 수돗가에
그날도 오늘처럼
흰 밥알이 구천에서부터 펄펄
내려오고 있었지
온 천지에 차려진 흰 밥상을 보며
가끔은 원망과 비탄의 무기를 버리고
그 앞에 엎드려 항복하고 싶었던 게지
눈물을 코피처럼 진하게 쏟으며
낼름낼름 혀 내밀어 흰 밥알을 먹었던 게지

-「흰 밥알이 흩날리다」 전문

하늘에서 펄펄 내려오는 눈을 바라보는 배고픈 소녀의 감정은 단순하다. 그저 흰 밥알로 보일 뿐이다. 그러나 그것이 시를 통해 독자의 몫으로 넘어오게 될 때 눈 날리는 하늘은 복잡하고 미묘한 정신의 공간이 된다. '12월 비탈길의 계부의 리어카', '토막 난 손가락이 동태 대가리와 함께 끓여지던 어머니의 매운 국물', '14살의 나이에 위장 취업한 소녀' 같은 명백한 울림의 파장이 병렬적으로 투사되는 공간이다. 비참하고 처절한 과거에 대한 연민은 팽팽한 긴장으로 중첩되는 기억의 우주 속으로 빠르게 사라지고 망각의 속도만 남는다. 이기와 시 읽기의 재미는 바로 이 속도감에 있다. 그녀의 시 소재는 밑바닥 인생의 체험이며 그것에 대한 고통스러운 기억이다. 고통스러운 일은 누구나 빨리 잊고 싶어 한다. 그러나 잊고 싶어 한 만큼 오래 기억된다.
오히려 철저하게 기억해주는 것이 지속적인 망각에 이르는 길임을 그녀는 역설적으로 보여주고 있다. 두 번째 시집을 낸 그녀가 끊임없이 자신을 들춰 보임으로써 자신의 말대로 '미꾸라지가 두 번째 허물을 벗고 용이 되어' 기억과 망각이 혼재하여 충돌하는 다층의 시공간으로부터 어떻게 망각으로 승천하는지 궁금하다.

/봉제공장 뒤편/ 잡풀 무성한 공터에 놓인/ 어둠의 부스/ 내 오래된 휴게실/…/ 번데기처럼 몸을 말고 앉아 덩어리 잠을 자고 싶어라./ 어두컴컴한 화장실, 모두가 혐오하는 화장실에 가난한 소녀는 스스로를 소외시킨다. 화장실 구멍으로 내다보이는 별빛은 더 이상 아름답거나 동경의 대상이 아니다. 하루의 삶이 고단한 소녀에게 당장 마려운 오줌보다 관심의 대상이 되질 못한다. 제때 먹지를 못해 단단하게 굳어져 버린 똥 덩이를 바라보며 견고한 잠, 마음의 평화를 갈구하는 시인은 화장실 같은 중립적인 자연 공간을 배척과 포용의 양면성을 지닌 자신만의 사회 공간으

로 변형시키는, 대상에 대한 이기와식의 특수한 태도 및 행동양식을 보인다. 얼핏 현대시의 주류에서 벗어나 있는 것처럼 보이지만 그녀의 시가 주목을 받는 것은 이 같은 그녀만의 차별성에 기인하는 것이다.

이기와의 대상에 대한 특수한 행동반응 양식을 좀 더 살펴보기로 한다. /제발 못 본 척 그냥 지나가세요/ 울 엄마 슬픔은 제가 돌볼 테니/ 아는 척 마세요/ 앙팡진 눈빛으로 다른 눈빛을 밀어내는데/에서 보듯 유년 시절 시인은 가난을 가난으로 받아들이고 불행을 불행으로 받아들이길 거부하는 앙팡진 눈빛을 가진 소녀다. 가난 속으로 자신이 섞여 들어가 동정을, 혹은 자신에게 불행을 첨가하여 연민을 생성하기를 거부하는 것이다. 자신은 서로 다른 상황들을 합성하여 새로운 상황을 만드는 중심에서 있지만 끝까지 자신의 개성은 변하지 않는 촉매제 같은 이기와의 앙팡짐에 사람들은 경외의 눈빛을 보내는 것이다.

앙팡진 개성은 성인이 되면서 여러 형태의 앙팡짐으로의 분열증식으로 이어진다. '시어머니를 다용도실에 가두어 놓고 감자처럼 쪼글쪼글 말라 죽게 한' 나와 '어린 소녀를 강간하고서 휘파람 속으로 사라진' 나, '상습적인 폭력 남편을 목을 비틀어 살해한' 나 그리고 '소나 말처럼 채찍질에 길들여진' 나로 분열되었으면서도 언제라도 다른 나로 발아 할 수 있는 인자를 지니고 있다. 시인은 유년 시절부터 자신을 여러 모습의 나로 분열시키는 심리적 훈련을 환상처럼 해왔는지도 모른다. 그녀의 심리적 훈련은 자기 최면을 통해 양심의, 심지어는 의식의 작용이 없는 기계 인간으로의 재탄생을 꿈꾸어 왔다. 이 같은 인간에 대한 그녀의 태도는 역설적으로 합리적인 인간이기를 갈망하는 순수한 인간적 동기에서 비롯되었음을 독자들은 간파했기에 이기와 시의 전편에 내재한 대결 의식에 반감을 가질 수가 없다.

이기와 시인에게 인생의 밑바닥 생활은 시의 원천이고 소재이다. 그녀가 이토록 막장 인생의 어두움에 대하여 이야기하려는 것은 무엇일까. 유리창에 부딪히는 파리를 본 적이 있다. 유리가 너무 맑아 세상의 안과 밖의 경계를 파리는 구별하지 못했던 것이다. /어둠은 빛의 성역이었어요/,/어둔 창밖은 밝은 실내보다도 진실하다/ 어둠은 태초의 세계이다. 우리는 모두 깜깜한 자궁 속에서 세상의 문을 열고 나왔다. 만약 사궁 안이 파리의 유리창처럼 밝거나 맑았다면 우리는 세상으로 나오지 못했을 것이다. 어두워져야 비로소 세상을 볼 수 있는 눈을 뜨게 되는 이치를 시인은 일찍 깨달은 것이다.

1772번 철새가 날아왔다
기별도 없이 수백 킬로를 쉬지 않고
허공에 박치기하며 날아왔다

아직 벼가 익지 않은 초가을인데 뜻밖이군요

〈

내 생각보다 앞질러 출소한 새와
중간 도래지인 내 집 잡풀 우거진 마당에 앉아
막김치에 막걸리 들이킨다
사구처럼 눈두덩이 붉게 부어오른 철새가
많은 양의 생각에 취해 운다

그동안 사람이 무지 그리웠어요
이제 정신 차리고 돈만 벌 거예요

인간이라면 멸치 똥처럼 발라내고 싶은,
돈이라면 사지를 찢어발기고 싶은, 내 앞에서, 운다

시들한 내 눈빛을 알타리무처럼 오도독 오도독
씹어 먹으며 굳은 의지의 칼을 갈더니
달포 만에 절도 9범 아니, 이제는 10범
2022번 새 번호 달고 허공에 박치기하며
온 곳으로 다시 날아갔다

거참, 속 터지네
새장 문을 열어줘도 날아가지 못하는
멍텅구리 새,
백 개의 열쇠로도 자유의 금고 하나 털지 못하는

도둑 같지 않은 도둑
새 같지 않은 새

-「귀소본능」 전문

새장 안 즉, 유치장 안이나 사창가 역시 어둠의 상징이다. 성매매 방지 특별법이 시행되었어도 영자들은 갈 곳이 없다. 은밀한 곳으로 숨어들어 영업하다 발각되어 새장 안에 갇히는 새의 신세가 된다. 새장을 열어줘도 날아가지 못하는, 날아갈 곳이 없는 길 잃은 새다. 새장 밖으로 나온 새의 눈에 세상의 빛은 너무 밝아 눈을 뜰 수가 없다. 자신의 길이 보이지 않는 것이다. 세상에서 바라본, 방금 떠나온 새장 안은 어둡다. 그 어둠 속에 그들의 길이 보이는 것이다. 다시 그곳으로 돌아갈 수밖에 없는 이유다. 밝은 빛에 싫증 난 새가 아닌, 눈이 어두워져 버린 새의 순수한 정신이 세상의 이기적인 인간들의 냉혹한 눈에 잡혀 들기 전에 스스로 '멍텅구리'라는 자조(自嘲)의 공중 도약으로 질시의 중력으로부터 벗어나려는 영자들의 큰언니를 시인은 자임하고 나선다.

성매매 방지 특별법이 누구를 위해 만들어졌든, 당장 밥벌이 터전을 빼앗겨버린 영자들은 어둠 속으로 숨어들었다. /요즘 밤하늘엔 / 별들보다 야행성 새들이 더 많이 떠 있다/…/ 탄생부터 날개가 접히지 않아/ 날아야만 하는 날개의 노예들/ 영자들의 삶을 위한 위법은 인간의 법을 떠나 탄생부터 날개가 접히지 않는 우주적인 초법을 밤하늘에 시행하는 행위이다. 인간의 역사가 하늘 아래 기록된 이래 성보다 강력한 문화적 이데올로기는 없었다고, 성은 권력의 근본이었으며 밤으로부터 비롯되었다고 밤의 하늘은 침묵으로 증언한다. 이제 시인은 성의 배경인 밤으로, 어둠으로 서서 날개를 접지 못하는 영자들을 품에 안고 시위를 한다. /식민지의 잔재가 아랫배를 따습게 한다/ 그리하여 부모 없이도 조국 없이도 고향 없이도/ 한 개의 뜨끈한 목숨은 지원받는다/ 그리하여 속박이 아닌 해방이 염려된 지 오래다/ 라고.

14살의 어린 나이에 봉제공장 직공으로부터 시작하여 식모살이, 신문배달, 포장마차, 술집 등 밑바닥 인생을 헤쳐 나와 이젠 시인으로 이름을 올리고 당당하게 대학 강단에까지 서게 된 이기와는 진정 인생 프로다. MBC TV의 '인간극장'을 비롯해, SBS TV '이것이 인생이다', KBS TV '아침마당' 등 주요 TV 3사에서 경쟁하듯 그녀의 삶을 소개한 바 있다.

그녀의 어머니가 투명랩을 뜯지 않은 채
자장면에 장을 붓는 순간
단칸방은 이내 시커먼 바다로 번들거린다

… 중략 …

그러자 그녀의 삐뚜름히 돌아간 입에서도
찰진 반죽의 웃음이 쏟아진다

-「그녀는 프로다」 부분

여자의 음모가 갓 자라기 시작하는 소녀 시절 그녀의 삶은 길을 잘못 접어들었다. /그 짜릿한 칼자루를 눈먼 내 몸에 꽂고/ 여행을 하고, 밥을 먹고, 쇼핑을 하고/ 둥기둥~울랄라~/ 이후 그녀의 삶은 모순과 갈등과 화해의 현장이었다. 결핍과 꿈의 끊임없는 충돌에서 그녀의 고통은 시작되었고, 고통은 시 쓰기라는 이상한 기쁨을 탄생시켰다. 치매의 어머니가 쏟아부은 자장이 단칸방에 흘러내릴 때 그녀의 개인적인 절망은 번들거리는 검은 바다로 덮여버리고 미래의 삶도 그녀의 시에 의해 덮여버린다. 그러나 한편, 이기와의 시 쓰기는 집요하게 그리고 교묘하게 자신의 현재를 회복해가는 과정이기도 했다.

이기와의 시들은 이제까지 터무니없도록 견고한 사기연민에 건혀있었다. 그녀가 다루는 소재들은 아무리 연약한 것이라도 억센 전율의 암묵적인 힘을 발휘했다. 그러나 몇몇 시들에서 그녀가 조금씩 변화하고 있는 조짐이 엿보인다.

여러 날 뒤
텃밭에 나가 열무를 들여다보니
파란 잎사귀마다 별자리만큼
구멍이 박혔다
농약을 먹지 않아

구멍은 탐스럽고 생생하게 자랐다
구멍이 더 자라 허공이 되기 전
남은 구멍을 같이 물에 씻고 다듬는다

식탁 위에 융숭하게 차려진 구멍들
무지렁이 벌레가 제힘 다해
한세상 통찰했다는 흔적

-「열무구멍」 부분

요즘 흔히 이야기되는 생태적 사유의 흔적이 드러나 있는 시다. 파란 열무 잎사귀마다 송송 뚫린 구멍은 그녀의 웅크리고 있는 꿈의 자리이다. 이성적으로 너무 보호되거나 찬양되는 꿈은 크게 이루어지지 않는다. 꿈의 주위에 기억의 고통들이 엉겨 붙고 고착되어 추억의 영역을 넓혀나갈 때 꿈의 자리는 커진다. 꿈이 아무에게도 보호받지 못할 때 그녀에게 가장 두려운 것은 안락이었을 것이다. 안락은 농약의 독처럼 언제나 밖에서 그녀를 주시하는 배고픔과 추위를 추억의 주위로부터 멀어지게 한다. 그리고 꿈의 집인 허공은 '해충이나 병원균처럼 박멸의 대상이 된 목숨'의 끝이고, '수년 앓고 앓은 녹물이 흘러나오는' 늙은 영자의 눈구멍이고, '재생고무같이 질 나빠진 밤하늘에 떠 있는 황천으로 진입하는 둥근 문'일 뿐이다. 따라서 '한세상 둥글게 통찰한 흔적'은 끈질기게 독약과도 같은 안락을 거부해온 이기와 흔적인 것이다.

위의 시 「열무구멍」 한 편으로 시인의 현재는 회복된 듯 보인다. 이젠 그녀의 시가 다른 사람을 구원해 줄 차례다. /울음은 울음으로 달래야 한다/…/울 물벼가 푸른 이끼가 될 때까지 흐느껴야 한다/ 아무도 귀 기울여주지 않아/ 내 이기적 슬픔이 갈대만큼 자라도/ 울음이 천상의 노래가 되는 순간까지/ 맺힌 가락 다 잡아 득음에 이르러야 한다/ 억제된 자기 연민은 꿈을 가진 사람들과의 확실한 교감의 통로가 될 수 있음이 발견되는 부분이다. 시인은 바람 소리 으르렁거리는 황야에 깃발을 치켜든 전사의 제복을 벗었다. 시인은 충분히 용감했다. 이제 '정류장 표지판처럼 우두커니 꽂혀있다' 덜컥 막차를 타고 야심한 기억 너머로 잠적해버린 '길 다방 송 양'을 기다리는 우리의 언니로, '불구의 이방인에게 수청 들어 온전한 자식을 낳는' 완전한 여인으로서의 그녀를 보고 싶은 것이다. 노동자 시인이 쓴 시가 더 이상 노동시가 아니고 현학적인 시인이 반드시 난해한 시를 쓰지는 않는 요즘의 문단이다. 우리는 이기와식의 역동성을 따라 곧은길로 이미 멀리 와 있다. 조금은 무질서한 길에서 한숨 고르고 천천히 휘파람 불며 돌아가고 싶은 것이다. 혹여, 돌아가다 마음속에 어두운 등불 하나 켜고 싶을 때 그녀의 시집을 다시 펴보면 되는 거니까.

천상병 시인 이야기

"괘안타 괘안타, 내다 걍 자그라."
그는 어둠 속에서 친구의 얼굴을 더듬어 뭔가를 찾고 있었다.
천상병 시인이 친구인 극작가 신봉승의 신혼 단칸방 다락에 살면서 한밤중에 내려와 담배를 찾던 일화다.
오갈 곳 없는 시인 천상병은 갓 결혼해 세 들어 사는 친구의 방 다락에 살았다.
신혼 방 위 다락이라니….
두 사람의 우정이 보통이 아니라는 것을 알 수 있다.

한밤중에 시도 때도 없이 다락에서 내려와 이것저것 더듬어 찾는 그의 기이한 행동은 친구의 신혼 생활을 어렵게 하기도 했지만 참을 수 없는 것은 천상병이 12시 사이렌 소리가 난 후에 들어오는 것이었다.
친구가 조금 일찍 들어오라 말하면 그는
"문디야, 나도 낯짝이 있제, 니들 신혼 아니가…."
뻐드렁니를 내밀며 천연덕스럽게 대꾸했다.

천상병은 1930년 경남 창원에서 태어나 일본에서 유년기를 보내고 귀국하여 중학생 때부터 담임 김춘수 시인으로부터 「공상」이란 시가 추천을 받을 만큼 문학 소질이 있었고, 당시엔 가장 어렵단 서울대 상과에 입학했다가 4학년 1학기를 마치고 자퇴를 한다.
교수의 강의를 노트에 필기를 하지 않고 즉석에서 외워버릴 만큼 천재였던 그는 대학에서 더 배울 것이 없어 자퇴를 했다는 괴짜였다.

67년 어느 날 그가 소리 없이 사라진다.
그리고 6개월 후 바보가 되어 나타난다.
50년대 군 생활할 땐 통역 장교, 52년 『문예』에 시인 등단 후 몇 권의 번역서를 내고 월간 『현대문학』에 근무할 만큼 예지가 번뜩이던 그가 어린이가 되어있었다.
당시 전국을 떠들썩하게 했던 동베를린 간첩단 사건에 휘말려 6개월간의 혹독한 고문과 옥살이로 그의 정신 상태가 초등생 수준으로 돌아간 것이었다.
누군가 고문에 못 이겨 아무런 죄가 없는 천상병을 연루자로 지목했다고 한다. 그리고 그의 방랑과 주벽에 바보란 명칭이 더해진다.

천상병은 소문난 클래식 음악광이었는데 가난한 그가 평생 손바닥만 한 FM 라디오로 음악을 들으며 후기에 쓴 시를 보면 초등학생이 쓴 시 같다.

KBS 희망 음악은,
아침 9시 5분에서 10시까지인데
나는 매일같이 기어코 듣는다.

- 천상병 시 「희망음악」 부분

천상병의 전기 시 「강물」과 비교해보면 그가 어떻게 변했는지를 알 수 있다.

강물이 모두 바다로 흐르는 그 까닭은
언덕에 서서
내가
온종일 울었다는 그 까닭만은 아니다.

밤새
언덕에 서서
해바라기처럼 그리움에 피던
그 까닭만은 아니다.

언덕에 서서
내가
짐승처럼 서러움에 울고 있는 그 까닭은
강물이 모두 바다로만 흐르는 그 까닭만은 아니다.

2009spring Bae Hongbae

천상병은 출옥 이후 고문 후유증으로 정신 수준은 물론 몸의 병까지 얻어 하는 일 없이 지인들의 도움으로 살아가던 중 갑자기 또 사라진다.

6년 동안이나 나타나지 않자 친구들은 천상병이 죽은 것으로 여기고 그의 유고 시집 『새』를 내기에 이른다.
그리고 강원도의 행려병자들이 입원한 도립병원에서 한 해골 같은 환자가 병상에서 일어나 큰소리로 시집 『새』를 낭송한다.
천상병이었다.
죽은 줄로만 알았던 그가 거리에 쓰러져 춘천 도립병원에 입원해있었던 것이다.

유고 시집이 나온 이후 그의 간경화도 많이 좋아져서 퇴원을 하고 친구의 동생 목순옥 여사와 결혼까지 한다.
하지만 그의 정신 수준은 더 어린애 같아지고 아내가 인사동에서 경영하는 찻집 〈귀천〉에 앉아 만나는 사람마다
"십 원만…."
하며 손을 내민다.
그의 막걸릿값을 마련하기 위한 것이었다.
그리고 방랑 주벽 바보에 구걸이란 명칭이
더해진다.
이때 재미있는 것은 그가 가엾어 100원 500원 동전과 1000원짜리 지폐를 주면 화를 버럭 내면서

"야 문디야, 니가 그리 부자냐…?"
하면서 돈을 던져버리곤 했다.
10원짜리 동전 외엔 절대로 받지 않았다.

그런 천상병이 93년 그의 시처럼 이 세상 소풍 끝내고 하늘로 돌아갔다.
이때 살아서도 가난했던 그에게 죽어서도 가난한 웃픈 사건이 일어난다.
500만 원 정도 들어온 조의금을, 처음 만져보는 큰돈을 그의 장모(목순옥 여사 어머니)가 사용하지 않던 연탄아궁이 속에 넣어 두었다.
그걸 모르는 목순옥 여사는 손님들을 위해 아궁이에 벌건 연탄을 넣고 돈은 연기가 되어 천상병을 따라갔다.
달리 생각하면 천상병이 저승길에 두툼한 노잣돈을 갖고 간 것이지만,
"상병아 상병아….
살아서 찢어지게 가난하던 상병아,
죽어서도 가난한 상병아…."
친구 시인은 추도사를 하던 중 끝내 울음을 터트리고 말았다.
'야 우지마라, 노잣돈 나보다 많은 사람 나와보라 그래….'
천상병은 이렇게 말하는 듯 영정 속에서 빙그레 웃고 있었다.

간판

화려한 거리 어딘가에 숨어있어야 할 간판의 임무는 이상과 혼란 사이에서 사회적 정신의 유토피아를 건설하는 일이다.

아름다운 것과 예쁜 것은 그만큼 내부와 외부에 많은 적을 두고 있다.
그 적들을 물리치는 길은 스스로를 비하하는 일이다.

철거될 운명에도 지불해야 할 비용이 있다면 그것은 뒤에 남겨질 빈 곳을 재울 허무에 대한 보상이다.

가게 없는 간판, 유령 간판은 소비된 과거와 미래의 불확실성 사이의 타협이다.
그 타협의 주체는 다양한 변화 속에서도 변하지 않는 추억이다.

간판의 두 색의 대비는 멀리서도 또렷하게 보인다.
명도와 채도, 색상의 차이가 클 때 명시도는 높아진다.
그러나 그보다 더 높은 명시도는 인간 의식의 파괴와 변형에서 온다.

색감의 자극성이 강하면 눈에 잘 띈다.
고명도 채도는 주목성이 높다.
하지만 주목성이 높을수록 신비성은 낮아진다.

광고의 본질은 사람들에게 그 신비성을 파악하게 하는 일이다.

간판의 무게는 성인 남자 한 사람이 번쩍 들어 올릴 수 있는 정도면 좋다.
크고 무거운 간판에 사람들은 압도될 뿐 자신의 무게 수준의 사물에만 건강한 수용도로 반응한다.

비가 내려도 바람만 불어도 불이 나가는 외딴 간판 가게 안엔 빈 전화벨 소리만 울리고, 불 꺼진 간판 위엔 내일이면 시들 꽃 한 송이가 불꽃도 없이 환하게 타고 있다.

낡은 가게의 간판은 처음부터 완성된 것이 아니다.
지붕보다 큰 글자 속에 갇혀 어두워지다 만 빛이 대낮보다 하얗게 새어 나올 때, 질서정연하게 폐허가 된 사람이 쳐다보기를 그만둘 때 완성되는 것이다.

간판에게 물었다,
문자가 가리키는 의미도 추후 A/S가 되는지.
누군가 훔쳐 간 머릿속엔 뜻 모를 문자들의 쓰레기 더미만 쌓인다.

세상에서 가장 값진 순간은 시시한 것들보다 더 경멸할 대상을 발견할 때다.
낡고 촌스러운 벽과 마주할 때 오늘의 보편성으로부터 버림받았다는 기분은 내일을 증명할 수 없는 오늘에 의해 보상을 받기 때문이다.

외로운 간판 속에 혼자 웃고 있는 원조 딴따라, 노래로 막혀버린 그의 목구멍을 들여다보며 아이들은 음악을 배우고 랩을 부르고 흘러가지 못한 과거들을 툭툭 내뱉는다.

조연호 시 사육사의 완(梡)

달에 남겨진 여러 무늬로 무엇을 해야 할지 몰랐던
신의 얼굴은 밤마다 긁혀 박덕해 보였다

나는 필요한 경우 죽은 자였다

선율이 자신의 예술에 해로웠다는 이유로 내 적대감이
빈곤한 것이라고는 생각하지 않는다
그러나 오래된 발은 목소리를 공격하고 자기 손을 포식했다

방랑이 죽은 벽을 본 적이 없다

감정이 있어야 할 곳에 때수건을 걸었다

대를 이어 증오를 탕진하는 눈보라처럼
나는 너를 사랑한다

조연호의 시에는 언어가 없다. 그의 언어는 보이지 않는 밤의 문자이다. 읽는 사람의 심광(心光)에 의해 어렴풋이 빛나는 반사체인 그의 문자는 우리가 아는 보편적인 빛의 스펙트럼을 벗어난 난반사의 언어 조건이다. 외경스럽고 거룩한 것에 세속화되어버린 언어를 거부함으로써 본질적인 것, 즉 자신의 신의 세계에 가까이 간다. 시인은 없고 시만 있는 시의 종교를 본다.

동자승 이야기

중학 2년 때부터 카메라를 잡기 시작해서 사진대회에서 장원도 해보고 입상은 여러 차례 해보고 예술 사진가의 길을 갔다. 88년 이후 서울의 집값이 자고 나면 올라 내 집 마련의 꿈은 멀리 달아나고 어쩔 수 없이 돈벌이 수단으로 시작한 여러 부업들 중 하나로 상업 사진에 손을 대기 시작했다. 조계사 사보의 표지 사진을 시작으로 사찰과 관련된 사진 산문집들의 사진과 몇몇 문예지와 출판사에 사진을 제공하는 일을 했다. 그러던 중 잊지 못할 일이 있었다.

문예지와 출판사를 겸하는 고요아침에서 일감이 들어왔다. 동자승 사진이 필요하다는 것이었다. 출판사에선 나의 고생을 미리 예감했던지 다른 곳보다 대금을 선불로 두둑이 주었다. 시일을 맞추기 위해 학교에 이틀 연가를 냈다. 우선 동자승이 있는 사찰을 수소문했으나 찾을 수가 없어 불교 방송국에 문의했더니 강원도 오세암에 알아보라 했다. 전화를 했다.

"…동자 성 예? 동자 성 있습니다."

강한 경상도 억양의 대답이 전화 속에서 들렸다. 지금의 휴대폰은 콘덴서 마이크가 내장되어 있어서 음질이 명확하다. 하지만 그 당시의 수화음은 그렇질 못했다.

오후 버스로 출발해서 인제에서 자고 이튿날 아침 백담사에 도착했다. 아, 그런데 낭패다. 오세암이 백담사 근처에 있는 줄 알았던 것이다. 버스로만 이동할 줄 알고 평상복에 구두를 신고 왔는데 버스 기사님 말이 백담사에서 오세암까지 걸어 4~5시간 걸린단다.
15kg이 넘는 카메라 장비를, 그것도 등에 멘 것이 아닌 어깨에 메고라니, 도저히 엄두가 나질 않았다. 갈 것이냐 말 것이냐, 백담사 앞에서 100m 정도의 오세암 길을 오르락내리락했다. 오세암을 향하는 발길과 집을 향하는 발길이 스무 번도 바뀌며 서로 갈등했다. 그때 씩씩하게 산을 오르는 두 젊은이를 보고 물었다. 두 시간밖에 걸리지 않는단다. 두 시간쯤이야…. 오세암을 향해 드디어 출발했다.

가도 가도 끝없는 오세암길, 가파른 흙길 돌길을 올라가다가 숨이 턱에 차 바위에 앉아 헐렁해진 구두를 벗으면 갈라진 구두 밑바닥이 내게 낼름 혀를 내밀었다. 그래 구두마저 나를 우습게 보다니, 얼마나 내가 더 단조로워져야 저 아름다운 나무들 사이로 내가 사라지는 것인지, 그래서 고통도 아름다운 풍경이어야 하는지, 마침내 오세암에 도착했다. 오후 1시 30분이었다, 오전 7시에 출발했는데. 어제 전화 한 사람이라고 밝히고 먼저 동자승이 어디 있느냐 물었다. 저기 있단다. 스님이 손가락으로 가리키는 곳, 그곳, 거기엔 아무런 표정도 없이 눈동자마저 굳어버린 동자 상 하나가 서 있었다. 나와 전화 통화를 한 스님을 찾았다.

동자 상을 가리키는 스님 왈
"동자 성 여기 있지 않습니까?"
강한 경상도 억양의 그 스님이었다. 한 나라 안에서 사는 스님과 나 사이에 이토록 소통이 어려웠다니, 그런 내가 무슨 남의 나라 말을 번역한다고…. 그 길로 20여 년 해오던 번역 일을 때려치웠다. 더 절망적인 것은 보시 시간이 지나서 밥이 없다는 거였다.

내려오는 길은 반은 구르고 반은 휘청휘청 흔들리며 구부러진 산길에서 흘러내리고 몸보다 마음이 더 만신창이가 되었다. 이따금 만나는 사람에게 먹을 것을 구걸했지만 내려오는 사람들이어서 도움이 안 됐다. 한참을 내려오니 삼화사란 절이 보였다. 쓰러질 듯 들어갔으나 거기에도 먹을 것은 없었다. 그때 절 마당 한 곳에서 가을 씨감자 눈을 자르고 있었다. 씨눈 부분을 오려 낸, 솔라닌 색소가 아직 퍼런 생감자를 한 움큼 쥐고선 절을 나왔다. 백담사에서 출발하는 6시 인제행 마지막 셔틀버스를 타야 했다. 생감자를 우적우적 씹어 삼키고 골짜기 물을 한 모금 마시고, 그리곤 잠시 후 이어지는 목의 이상한 따끔거림은 무엇? 배도 아팠다. 오, 솔라닌이여, 학교에서 배운 태양의 독 솔라닌의 자발적 실험 대상이 된 것이었다. 뺨 위로 눈물이 흘러내렸다. 나는 왜 거기, 눈 안에서 눈물이 넘쳤는지 모른다. 눈물을 닦지 않았다. 참고 있었던 호흡을 밖으로 길게 내뱉어 내는 것 말고는 아무것도 하지 않았다. 보이시 않는 무게를 가슴에서 들어내고 있었던 것이다.

큰 강

큰 강은 유유히 바다로 흘러간다.
돌 틈에서 한 방울씩 떨어지는 물방울이
좁은 골짜기 재잘거리는 작은 물줄기가
절벽을 뛰어내리는 폭포수가
풀포기 사이를 헤적이는 도랑물이 만나
속삭이는 소리가 들린다.
먼 길을 돌아왔다고
등이라도 서로 토닥이는
개여울이 되었다가
앞서거니 뒤서거니
얼굴을 바꾸고 몸을 바꾸고
기억을 바꾸고 한 번쯤은
소리 나게 시냇물로 흐르고
아무 말 없어도
서로 떠밀지 않아도
떠밀리지는 않아도 강물은 바다로 흘러간다.

과속딱지

김현 묻고 돌아올 때, 그 장마 구름 잠시 꺼진 날,
우리는 과속했어, 60킬로 도로에서 100으로.
우리는 재빨리 도망치고 있었던 거야 추억에서.
단속하던 의경 기억나지?
의경치고도 너무 어려
우리의 복잡한 얼굴을 읽을 줄 몰랐어.
마침내 죽음의 면허를 따 영정이 되어
혼자 천천히 웃고 있는
웃고 있는 김현의 얼굴이 속절없이 아름다웠고
그 얼굴 너무 선명해서 우리는 과속을 했어.
경기도 양평의 산들이 패션쇼를 하려다 말았고,
딱지를 뗐고,
그 딱지 뗀 힘으로
우리는 한 죽음을 벗어났던 거야.

- 황동규 시집 『미시령 큰바람』(문학과 지성사, 1993)

소나기 황순원 작가의 아들이며 서울대 영문학 교수 황동규 시인이 친구 김현(본명 김광남)을 묻고 오며 쓴 시다.
김현은 전남 진도 출신으로 이 세상을 다 읽고 간 사람이라 불릴 만큼 48년의 짧은 생애 동안 누구보다 많은 독서와, 저서 23권, 공저 6권, 편서 7권, 번역서 19권을 낸 한국의 대표적 평론가였다.

그의 문체는 우리 한글의 위상을 수사학적인 면에서 오늘날의 수준으로 끌어올렸으며, 한 세기에 한 명 나올까 말까 하는 천재 문필가로 추앙받는다.
또 다른 그의 업적은 자신보다 1년 먼저 29세에 요절한 기형도 시인의 유고집 『입속의 검은 잎』을 유려한 해설과 함께 세상에 소개함으로써 현대시의 반석을 깔았다.

평소 술과 담배를 좋아하여 결국 간경화로 일찍 떠난 김현은 클래식 애호가로도 유명하다.
활화산처럼 뜨겁던 호흡이 차갑게 식던 밤 그의 방 토렌스 턴테이블에선 붉은 라벨의 레코드 음반 한 장이 외롭게 아침까지 돌고 있었다.
슈베르트 현악 4중주 14번 죽음과 소녀였다. 그와 그의 정신 사이에 끼어든 슈베르트는 몸뚱이의 한계를 통과하여 영원한 망각을 향한 통로요 안내자였던 것이다.

사람의 냄새

하늘 밑 바다 위에
빨랫줄이 보인다.
빨랫줄 위에는
다른 하늘이 없고
빨랫줄에
빨래는 파도뿐이다

- 서정춘 시 「수평선」

아직 필름 카메라가 대세이던 시절 나는 이곳저곳 불려 다니며 사진을 찍었다.
김대중 대통령 당선 이후 새로운 세기 2000년대를 맞이하여 세종문화회관에서 정부와 SBS 방송사 주관으로 열린 〈민풍 2000〉에서 사진을 찍기도 했다.

2000년 겨울 이맘때 모 문예지에서 사진 촬영 의뢰가 들어왔다.
표지 화보로 사용할 한국 시인협회 회장의 인물 사진이었다.
찬 바람 불어 매우 추운 날 옥상에 올라가 반사판 조명을 활용해 사진을 한 롤 찍었다.
집에 돌아와 카메라를 열었다.

아, 필름이 없었다, 필름을 넣지 않고 빈 셔터만 누른 것이었다.
재촬영한 표지의 사진을 보면 웃음이 난다.

성격 좋은 회장님의 화를 참는 굳은 표정이 역력하다.
그전에도 온화한 표정의 모 대통령이 경기도 마석 당원 연수회에서 강연을 할 때 사진사가 필름을 넣지 않고 촬영한 사건이 소문으로 떠돌았었다.
긴장을 하면 필름을 넣지 않을 때가 있다.

우리나라 유명 원로 시인 서정춘 님의 이야기를 하려다 서론이 길어졌다.
문예지 표지 화보로 쓸 서정춘 시인의 인물 사진을 찍기로 했다.
36판 슬라이드 필름을 3통을 찍어도 만족할 만한 표정이 나오지 않았다. 마지막 한 판이 남았을 때
"왐마~인물사진 두 번 다시 찍다간 입 돌아가겄네….
사진사가 너무 까다로워…."
하면서 담배를 한 대 피워 물었다.
바로 그거였다, 나는 순간 셔터를 눌렀다.

시인이 뿜는 담배 연기에서 단내가 났다.
머리 위엔 늦가을 감이 빨갰다.
따사로운 햇볕에 감이 익어가듯 사람 좋게 익은 시인에게서 단내가 나는 것이었다.

단자놀이와 할로윈

한낮인데도 망초꽃 핀 길은 어둡다.
희미한 옛 기억을 불러와 터트리는 울음 같은 꽃들 때문은 아닐까?
오늘의 이태원 거리의 풍경 같다.
망초는 우리의 토종 식물이 아니다.
구한말 나라가 기울 무렵 쓰러져가는 담 밑이나 가옥들의 마당에 슬그머니 자릴 차지 하고 자라기 시작했던 잡초로 당시 우리나라에 들어오는 서양인들의 옷이나 소지품에 묻어 들어온 것이다.
이국종 잡초의 억센 뿌리는 집요하게 망국의 국경을 넓혀나가 지금은 토종 들국화인 양 전 국토를 덮고 있다.

할로윈이 그렇다. 초중고등학교에 원어민 영어 교사들이 배치되면서 그들의 교재 속에 슬그머니 묻혀 들어온 서구인들의 풍습인 할로윈은 죽은 귀신들이 집집마다 문을 두드리며 trick or treat를 외치는 놀이다.
음식을 주지 않으면 못된 장난을 치겠다의 뜻으로 요즘 젊은이들에게 마치 우리의 전통 놀이처럼 일반화되었다.

우리나라에도 할로윈 같은 풍습이 있었다.
마을 서생들이 남의 집 제사가 끝나는 새벽 찾아가 제사음식을 얻어

먹는 것이었다. 그들은 제사를 지내는 방문 앞에 바구니를 던지며

"단자요…."

외치고는 담 뒤에 숨어 바라본다. 그러면 주인이 나와 바구니에 떡과 고기와 술을 담아놓고 들어간다. 이때 주인이 음식을 내놓지 않거나, 음식을 가져가는 사람을 보면 그 집에 좋지 않은 일이 일어난다고 사람들은 믿었다.

이 같은 우리의 전래 풍습인 '단자놀이'를 아는 사람들이 요즘 얼마나 있을지 모르겠다.

진도의 한

"하… 이빨 때문에, 저 이빨 때문에… 허~참!"
시주승이 돌아가며 혼자말을 했다.
그 소릴 들은 여인은 스님을 불러 세운다.
앞니 때문에 자손이 성치 않다고 했다.
그렇잖아도 어린 아들을 둘씩이나 잃은 여인은 하인을 불러 자신을 기둥나무에 묶게 하곤 생 떡니를 집게로 뽑게 했다.
그때 흘린 피가, 아픔이 모질게도 여물어 낳은 돌처럼 단단한 아들이 후에 대통령이 된다.

"주둥아리 때문에, 저 주둥아리 때문에…!"
남편은 갓 시집온 어린 아내의 앞 입술을 차돌로 찧었다.
밤마다 놀음 방에 나가는 남편은 아내의 잔소리 때문에 돈을 잃는다는 거였다.
새색시의 꽃잎처럼 아문 입술 상처에선 한은 새로 꽃을 피우고, 한의 향기는 멀리멀리 퍼져나가 진도의 들판에 부는 바람은 절반이 한의 소리였다.
중요무형문화재 51호 남도 들노래 예능 보유자 진도의 조공례 여사는 어려서부터 소리꾼 아버지 조정옥에게 소리를 배웠지만 결혼 후 그 특출한 재능을 피우지 못하고 평범한 아내로 주부로 살아가야만 했다.

그러다 전남 대 지춘상 교수에 의해 조공례의 예술이 세상에 알려진다.

그러나 때는 너무나 늦었다.

60대에 들어선 그녀가 소리를 펼치기엔 석양의 해는 너무 멀리 갔고, 그녀의 들녘엔 황혼이 내리고 있었다.

90년 65세에 전국 명창대회에서 장원했으나 7년 후 97년 72세로 타계한다.

개인적으로 참으로 아까운 소리다.

조공례 여사가 체계적인 소리 공부를 했다면 김소희 명창에 버금가는 소리꾼이 되었으리라 확신한다.

김소희 명창이 누구도 갖지 못한 가을 서릿발 같은 성음을 지녔다면, 조공례 명창의 그것은 된서리의 소리다.

보다 질박하며 두껍고 무겁고 서늘한 소리다.

천재는 타고나지만 시대가 만든다는 말을 실감한다.

아버지의 슬픈 노래

'어머님 떠나시고 외로운 산길 산새만 울어도 어머님 생각'
어스름 내리는 고갯길을 아버지가 소년 시절 소를 몰며 울면서 부르던 그 노래를 열다섯 살 아들이 소를 몰고 다시 그 고개를 넘으며 울면서 부른다.
15세에 어머니를 여읜 아버지는 혼자 있을 때면 이 노래를 부르곤 했다.
할머니의 얼굴도 모르는 나는 무슨 노래인지 알 수 없는 노래를, 방송에서도 어디에서도 들을 수 없던 이 노래를 몰래 따라 부르고 눈물을 글썽였다.

여름 방학이 되면 오후에 소를 몰고 산으로 갔다.
뒷산 고개를 넘으면 높은 산들로 둘러싸인 분지 같은 넓은 풀밭이 있었다.
그곳에는 언제 쌓았는지 모르는 윗성 아랫성으로 불리는 돌 성이 있었고, 아이들은 고삐를 풀어 소들이 산에서 자유롭게 풀을 뜯게 하고는 돌성 안의 평평한 곳에서 구슬치기 딱지치기 놀이를 하며 놀았다.
나이가 위인 몇몇 형들은 아이들 중 한 아이를 붙잡아 성인식을 치른다며 그곳에 나뭇잎을 태운 재와 침을 섞어 발라 킥킥 웃고,

조금 떨어진 습지엔 부드러운 풀을 뜯어 먹으려 슬금슬금 들어오는 소들을 향해 산 주인 노인은 긴 막대기를 휘두르며 이리저리 뛰었다.

나는 소를 풀어놓고선 혼자 산꼭대기에 올라 하모니카를 불었다.
우리 집 소도 다른 소들과 떨어져 하모니카 소리가 울려 퍼지는 먼 곳으로 풀을 뜯으며 한 걸음 한 걸음 멀어졌다.
소의 느린 그림자를 산그늘이 덮고 아늑하고 깊은 고요가 흘러내려 구슬을 잃거나 딱지를 딴 아이들의 탄성과 환호성, 성인식을 당하며 울부짖는 아이의 비명, 그리고 소를 쫓는 노인의 울음 같은 고함과 어우러지는 메아리의 신비한 논리 속에 나 자신을 잃고 넋 나간 아이처럼 앉아있으면 바위가 먼저 어두워졌다.

벌써 아이들은 각자 소들을 끌어 산에서 내려가고 나는 소의 풍경(風磬) 소리를 찾아 어스름 속을 더듬었다.
그럴 때마다 내가 찾아가는 곳, 큰골이라 불리는 그곳은 아버지의 어머니가 가신 먼 서녘으로부터 함지 높은 봉을 넘어 하늬바람이 불어오는 산등성이었다.
붉은 하늘과 어두운 세상이 경계를 이루는 그곳에 우리 소는 외로운 뿔을 노을 속에 흔들며 나를 기다리고 있었다.
제 눈꺼풀 아래까지 내려앉은 어둠 속에서 소는 뜨뜻한 혀로 등을 핥으며 크고 맑은 눈을 나를 향해 깜박거린다.
고삐를 소의 가슴에 둘러 묶고 나는 늘 하던 데로 소의 등에 올라탄다.
'어머님 떠나시고 외로운 산길 산새만 울어도 어머님 생각'
아버지의 노래를 부르고 부르면 소의 걸음은 어느덧 집에 다다르고 마당 한 가운데 커다란 보리밥 무쇠 솥은 아버지의 깔깔한 눈물을 뚝뚝 흘리고 있었다.

이건 아니야

"아니야, 이건 아니야."
그는 이불을 걷어 재끼고 일어나 밖으로 나오면서 중얼거렸다.
"그게 없어, 그 소리가 들리지 않아."
6·25 때 남으로 내려와 서울에서 자수성가한 그는 전국을 돌아다니며 두고 온 북의 고향 산천과 똑같은 곳을 찾아내고 옛집 그대로 초가삼간을 지어 첫 밤을 보내고 있는, 학생 시절 언젠가 라디오 드라마에서 들은 한 장면이다.

앞산에서 소쩍새가 울고 중천에 떠 있는 창백한 반달에선 식은 보리밥 냄새가 나는 초여름 밤, 함지박 같은 앞산과 소쿠리처럼 동네를 감싼 유순한 등성이의 뒷산도 그대로고, 집 앞에 흐르는 작은 도랑과 조금 나가면 어머니의 목소리처럼 잔잔히 흐르는 앞 냇물, 그 너머 건너편 갈대 무성한 큰 냇가도 그대로인데 한밤중에 중천장을 내달리던 쥐들의 발소리가 들리지 않았던 것이다.

아내가 시골에 내려가 혼자 동그마니 앉아있다.
윗집 아이들의 웃는 소리, 발걸음 소리, 물 내리는 소리가 아내가 없는 공간을 채운다.
적막이란 이런가 보다.

나의 귀가 한결 관대해져서 듣지 못하던 소리를 마음으로 듣고, 그래도 부족하면 이웃집의 소음을 한 말쯤 빌려다 허전한 구석을 몇 됫박으로 메우고, 아버지가 떠나간 머릿속 한 귀퉁이는 남은 됫박으로 채운다.

그러나 아내가 앉았던 그 자리, 어렴풋한 등불이 낮게 던져주는 나의 그림자 안은 무엇으로 채울지, 옆구리가 먼저 텅 비어간다.

음악

환상

화가 난 얼굴로 그가 들어섰다.

"기상 캐스터 아가씨에게 배신당했나 보지?"

흠뻑 젖은 그는 고개를 끄덕였다.

그러나 정작 그를 화나게 한 것은 파랗게 젖은 마음이었다.

그것은 처음부터 기상 캐스터의 원고에 없었던 내용이기 때문이었다.

3월로 쫓겨 가는 철새들을 위해 하늘은 한 번도 겨울 보금자리가 되지 못했다는 자책감으로 하루에도 몇 번씩 비가 내렸다.

"음악이나 듣지?"

턴테이블에 음반을 올리고 그에게 뜨거운 커피를 건넨다.

그는 소파에 깊숙이 파묻히고 스르르 눈을 감는다.

그의 뇌리 속 기억의 골짜기를 구닥다리 바늘이 따라간다. 사랑의 열망의 좁은 계곡을 지나며 우쭐거릴 때도, 시련의 망연한 벌판에서 흔들릴 때도 스테레오 스피커에선 두 계절이 사랑이란 이야기 하나로 가고 온다.

그는 정열의 파도란 병을 앓는 젊은 음악가, 상상 속의 이상형을 찾아 헤매던 그는 무도회에서 그녀를 만난다.

"스미드슨 양, 당신은 기품 있고 매력 있는 여인입니다. 하지만 내가 좋아하는 것은 당신의 내면에 숨은 정열입니다."
발밑에서 왈츠는 외롭게 흐르고 그녀가 그의 속삭임을 잊는 며칠 밤은 어둠이 넘친다.
짝사랑의 기교는 그가 믿는 유일한 교리, 그의 분노와 질투는 우울한 몽상 상태에서 환각이 떠받쳐야 할 눈물과 종교적 위안의 다른 이름이다.
'내일보다 월등한 오늘 밤, 춤을 더 추어야겠어.'

전원의 초록은 하루하루 그의 초조한 왈츠에 시달리며 색을 잃어가고 축제의 기분으로 붉고 외로운 체벌인 태양을 증오하는 날들은, 사랑하는 사람의 환영의 괴로움으로 전원에서의 편안한 사색을 반성하는 일상생활은 흘러간다.
'목동아, 피리 소리가 너무 희미해 나뭇잎들이 속삭이는 소리를 들을 수가 없어. 멀리 뇌성 소리가 데려가는 마지막 오늘을 조용히 붙들 수는 있을까?'
언제 닥칠지도 모르는 배신에 대한 불안감과 뒤섞인 어지러운 예감 위로 희망은 느리게 추락한다.

'너를 잊는 밤은 아름다워.'
천둥소리를 따르던 먹구름은 허공에서 실핏줄로 터지고 혼자서만 사랑했던 고독에도 따뜻한 피는 흐른다.
'정적의 아편을 마시고 싶은 잠을 자고 싶어.'
'이별의 업적은 자살?'

‘치사량까지 이르기엔 아직 많은 날이 남아있지.’
‘꿈을 더 꾸어야 해.’
꿈속에서 그녀를 살해한 자신에게 내려지는 사형 언도를 미래에 대한 약속으로 듣고 그는 단두대를 향해 걷는다.
당당한 걸음에 놀란 검은 새들이 날뛰며 울부짖는 울음 속에서 귀여운 마녀들은 쓸쓸히 태어난다.

‘추억은 거추장스러운 거야.’
처형자들은 내 희미한 사랑의 기억 위에 무거운 발자국을 찍고, 찍힌 발자국마다 한 십 년쯤 썩은 눈물이 고인다.
벌써 외로워진 뮌시의 지휘에 맞추어 어둠이 고래처럼 운다.
‘마녀들이여, 나를 구경꾼으로 서 있게 하라.’
‘교회의 종소리보다 사랑했던 사람들의 탄성을 듣게 하라.’
바이올린의 팔목에도 검은 지평선은 꺾일 때 플루트와 피콜로가 그대로 둘 훌쩍 자라 사람의 웃음을 벗어나는 음계에서 어화-삼만 리, 고개를 넘는 그의 소리 들린다.

사랑했던 그녀의 아름다운 비명을 사랑하기 위해 더 사랑했던 비수가 숨어든 밤이 저녁의 거리에서 번뜩이고 합삭월에선 둥글게 닳은 소문이 지루하게 흘러나온다.
콘트라베이스보다 낮은 신음으로 그만큼만 뒤로 밀리는 밤의 숲까진 사람의 풍경, 외진 곳에 서 있는 그녀가 부엉부엉 운다.
‘이젠 끝내야 해, 마주 보는 사람으로 숨 쉬는 낯선 시간을 저

야비한 보스턴 심포니의 악마적 향연을 끝내야겠어, 라르게토.'
음반의 마지막 골을 지난 바늘이 그의 상식적인 외로움을 반복하며 엇박자로 먼 꿈길에서 가까운 길부터 잊어간다.
그는 소파에 파묻힌 채 이따금 미간을 찌푸렸다.
"내일은 오후부터 비가 내리겠습니다. 외출하실 분은 미리 우산을 챙기세요. 우산을 준비하지 않은 분들은 마음이 붉게 젖을지도 모릅니다."
TV 예쁜 기상캐스터 아가씨가 싱긋 윙크하듯 속삭였다.

서울의 달

이제 달은 더 이상 우리의 낭만의 대상이 아니다.
1969년 미국이 인간을 최초로 달에 상륙시켰을 때
우주 시대가 열렸다고 세계는 축제 분위기였다.

그러나 〈문 리버〉의 작곡가 헨리 맨시니는
이제 달은 인간의 낭만에서 제외되었다고 했다.
심장은 차가운 몸속에 갇혀 있다는 것을,
모든 것은 덧없는 소리를 가지고 있다는 것을,
달은 우리에게 무너지는 진리를 가르쳐 줄 뿐이었다.

연인들에게 달은 사랑의 신앙이었다.
고향을 떠난 사람에겐 달은 어머니, 아버지의 얼굴이었다.
사람들에게 달은 세상 어디에도 소식을 전해주는
특급 우표딱지였다.

이제 달은 우리에게 하나의 물리적 대상으로서
밤의 멜로디란 일기장 속에 숨은 과거마저도 잃어버렸다.
우리는 밤에 듣는 음악의 낭만을 잊은 지 오래다.
요즘 달을 주제로 한 노래는 뜨지 못한다.

요즘 트롯의 부활을 가져온 신인 가수가 부른 서울의 달은
완성도가 높은 아주 좋은 노래다.
그러나 그 노래가 지금 빛을 보지 못하는 것은
달이 빛을 오래전 잃어버렸기 때문이다.
불빛 하나 없이 나의 숨소리만 들릴 때
고독에 의지하는 나에게
저 달은 안전하고 완벽한 우울증을 허용할 뿐이다.

알텍 이야기

알텍 스피커만큼 말도 많고 탈도 많은 스피커는 드물 것이다. 그간 수많은 스피커를 사용하면서 몹쓸 스피커는 만나보지 못했다. 다만 내 취향과 맞지 않아서 내보냈을 뿐 듣기 거북한 스피커는 없었다. 그러나 내 방에서 알텍 대형 스피커들은 몹쓸 소리를 내는 경우가 종종 있었다. 아니, 거의 그랬다. 탄노이는 부드러웠고, 제이비엘은 쉽게 소리를 내주었고, 젠센은 화사했고, 트루소닉은 깔끔했고, 일렉트로보이스는 사실적이었고, 바이타복스는 격조 높은 소리를 들려주었지만 알텍은 언제나 내 귀를 괴롭힐 뿐이었다.

알텍과 내가 동거한 기간들은 대게 한두 달 이내였다. 그런데 재미있는 일은 우리 집에서 쫓겨난 알텍 스피커들이 다른 집에선 전혀 다른 소릴 내는 것이었다. 내 방에서 부르는 내 노래는 나 스스로 들어주기 힘든데 학교 교실에서 부르면 그럴듯하게 들린다. 그렇다. 공간의 문제다. 교실에선 직접 음과 간접 음이 적절하게 섞여 풍성하게 들리고 직접 음만 들리는 좁은 방 안에선 소리가 메마르게 느껴진다. 물론 좁은 공간에도 반사음은 존재하나 직접 음과의 시간차가 거의 없어 느끼지 못하는 것이다.

이 같은 사실을 알게 된 후에도 여전히 알텍 스피커들은 내 방을 들락거렸다. 타 유닛에 비해 값이 싸고 흔한 이유도 있었지만 멋진 본새와 오기의 발동 혹은 막연한 기대 때문이기도 했다. 그때마다 알텍은 어김없이 내 기대를 저버렸고 오디오에 대한 환멸감까지 안겨주었다. 내 좁은 방과의 타협이라든가 알텍 스피커에 대한 이해 따위는 무의미한 것이었다. 과거 어느 음악 감상실에서 경험한 그 거대하고 광포한 음에 이미 내 영혼은 굴복당한 상태였다. 나는 거만한 알텍을 영접할 준비가 늘 되어있었던 것이다.

학창 시절부터 오디오질을 하느라 돈을 모을 틈이 없었다. 가난한 교사에게 할당된 공간은 평생 28평을 넘지 못했다. 영어 강사, 과외, 번역, 사진 등으로 약간의 별도 수입은 있었으나 모두 배고픈 오디오의 커다란 입을 벗어날 수 없었다. 지금 나의 음악 감상 공간은 책장과 레코드장을 제외한 가로 3.5m 세로 4m 남짓 되는 작은 서재다. 이 방에서 알텍과의 싸움은 언제나 나의 패배로 끝났다. 인파이터 복서 같은 알텍에게 내 좁은 방은 나를 쉴 새 없이 몰아붙이는 사각 링에 불과했다.

그렇다면 문제는 공간이다. 공간을 확보해야 했다. 책이나 타인에게 들어서 알게 된 이론과 방 안에서 직접 큰 북을 두드려가며 실험을 통해 알게 된 스피커와 벽과의 거리 확보는 내겐 불가능했다. 스피커 통 자체에서 직접 음과 간접 음이 나오게 할 수는 없을까. 이런저런 궁리 끝에 기존의 알텍 통 형식들을 과감히 버리고 나름대로 설계에 들어갔다. 유닛에서부터 처음 직접 귀에 소리가 도달하는 시간과 통 내부에서 반사된 음이 귀에 들리는 시간차가 긴 백로드혼 형 인클로져를 생각하게 되었다.

알텍에도 백로드혼 형이 있긴 하지만 너무 커서 가로의 길이를 조금 줄인 제이비엘의 C-55통 형태를 택했다. 오래된 미제 18mm 미송 합판으로 웨스턴 우드에서 제작한 인클로저에 미리 준비한 803b 우퍼, 802d 드라이버, 511b 혼 그리고 n500d 네트웍을 부착했다. 과연 원하는 소리가 나올까?! 과거 그 오소독스한 외양을 못 잊어 알텍 612통에 젠센, 트루소닉, 제이비엘의 유닛들을 넣어본 적이 있다. 그만큼 알텍의 인클로져들은 내게 있어 한 번도 좋은 소리로 봉사한 적은 없었지만 상상력으로 단련된 강인한 인상을 주었다. 근데 이 허술해 보이는 통이 과연…!?

떨리는 마음으로 턴테이블에 바늘을 올렸다. 아, 우뚝 서 있는 인클로져의 입술은 아직 다 말하지 못하는 절대적인 침묵을 지키는 거대한 성문이었다. 불사이군의 정신은 여기에도 있는 것인가? 이건 아니다. 불사이군의 정신으로 제이비엘의 깊은 계곡에 숨어든 알텍 유닛들이 낮게 읊조리는 한의 어두운 울림을 듣고 싶은 것이다. 그러나 알텍의 정신은 스스로 깊이 침잠하는 병리 현상을 보일 뿐 또다시 내 암울한 음의 정서를 현실 안으로 투기시켜 나는 폐허가 된 음악의 풍경의 바다에 홀로 떠 있는 섬이었다.

해외 싸이트를 뒤졌다. 백로드혼 형 인클로져를 사용할 땐 드라이버를 우퍼와 역상으로 연결하라는 알텍 본사의 권고 글귀가 눈에 들어왔다. 하루 이틀 사흘, 이레가 지나고 상상과 현실의 접경을 구불구불 지나와 음이 멈춘 곳, 정적에 순응하며 분노와 용서의 밀물과 썰물이 만나는 그곳에서 안온한 비애의 음의 물결이 일렁이기 시작한 건 익숙한 음악 환경으로부터 멀리 일탈한 후였다. 음악 감상이란 단순히 소리를 듣는 것이 아니라 소리에 대하여 갖는 인식의 폭에 인간 정신의 운동의 폭이 오버랩되어 탄생하는 정의 세계란 걸 알게 된 며칠이었다.

날이 갈수록 소리가 달라졌다. 저음이 기대만큼 많아진 것은 아니나 기분 좋은 배음이 온몸을 감싼다. 나 스스로 많은 스피커들을 들어봤어도 어쿠스틱이란 말을 실감하지 못했었다. AR3에서 느꼈던 분위기에 심지가 또렷하고 스케일이 훨씬 커졌다. 가정에선 드라이버를 6db 감쇄하는 것으로 알려졌는데 자꾸만 드라이버의 음압을 올린다. 나를 스쳐 간 알텍 유닛들이 떠오른다. 그중에서도 가장 아쉬운 것은 604b, 20년 전쯤 612통에 넣어 피셔400 리시버와 들었는데… 좋은 유닛인 줄 그땐 몰랐다.

알텍의 시끄럽고 쏘는 소리는 시행착오의 열차와 함께 떠나갔다. 백로드혼 깊은 계곡을 훑는 음의 순수 이념이 내 척박한 정신의 간이역에 다시 어느 방향의 이정표를 세울 것인지, 오늘도 연착하는 소리의 완행열차를 기다리며 나는 무엇을 향해 전율해야 하는지, 슈만의 바이올린 소나타 a단조에 바늘을 내리고 불안과 안정의 소리 골을 따라간다. 나의 알텍 A7은 편법이다. 편법은 일회성이다. 나만의 좁은 공간을 벗어나면 사라질 신기루와 같은 것인지 모른다…. 나는 지금 정형(originality)으로부터 멀리 나와 있다. 낯선 곳에서 조우하게 되는 불안하고 공허한 심리 상태의 한가운데 서 있다. 어쩌면 이루지 못한 음의 세계에 대한 보복의 순례를 결행하고 있는지 모른다. 스스로 음악의 황무지에 추방되어 발밑에 깔린 외로움을 외면한 채 더 깊은 고독의 들판으로 나아가고 있는지도 모른다.

우울한 일요일

우울한 일요일
내가 흘려보낸 그림자들과 함께
내 마음은 모든 것을 끝내려 하네
곧 촛불과 기도가 다가올 거야
그러나 아무도 눈물 흘리지 않기를
나는 기쁘게 떠나간다네
죽음은 꿈이 아니리
죽음 안에서 나는 당신에게 소홀하지 않네
내 영혼의 마지막 호흡으로 당신을 축복하리

이것은 과연 축복일까? 저주일까? 전 세계를 죽음으로 몰아넣은 자살의 송가 Gloomy Sunday, 이 노래를 작곡하고 부다페스트의 한 빌딩에서 투신자살한 작곡가 레조 세레스는 이런 얘기를 했다. "나는 내 마음속 모든 절망을 Gloomy Sunday의 선율에 눈물처럼 쏟아냈다. 나와 비슷한 처지에 있는 사람은 잊었던 상처를 스스로 발견한다."

그래서일까? 레조 세레스의 눈물과 그 눈물에 깃든 상치가 오선지마다 슬픈 향기로 배어나서일까? 레코드가 출시된 지 8주 만에, 헝가리에 187명이 자살한 것을 시발로, 이 노래에 얽힌 극적인 죽음의 일화가 60년 동안 전 세계를 떠돌았다. 왜 그럴까? 이 노래에 담긴 그 무엇이 사람들을 죽음으로 이끌고 있는 걸까? 왜 빌리 할러데이, 마리안느 페이스풀, 엘비스 코스텔로, 시네이드 오코너, 사라 브라이트만처럼 수많은 가수들이 이 노래에 깃든 죽음을 예찬하고 있는 것일까? 그리고 우린 왜 여전히 그 죽음의 치명적인 유혹에 매혹된 것일까?

감독 롤프 슈벨은 닉 바로코의 원작 소설인 '슬픈 일요일의 노래'와 이 노래에 얽힌 기구한 사연에 약간의 상상력을 더해 Gloomy Sunday의 전설을 스크린에 투영시켰다. 그리고 우리는 그 영화를 통해서 일로나라는 한 아름다운 여인을 둘러싼 세 남자의 사랑과 배신. 그리고 죽음을 목도하게 된다. 일로나, 생의 전부를 걸고 싶은 아름다운 여인이다. 레스토랑의 주인인 자보와 그 레스토랑의 피아니스트인 안드라스는 일로나의 아름다움에 매혹돼 운명적인 삼각관계를 시작한다. 그녀의 사랑을 잃을까 두려워한 자보는 결국 이렇게 속삭인다.
"당신을 완전히 잃느니 차라리 반쪽이라도 갖겠어."

그 세 사람 사이에 독일 군 장교 한스가 끼어들고, 세계 제2차 대전의 먹구름이 드리워지면서 그들의 사랑엔 죽음의 포르말린이 감돌기 시작한다. 비극적인 운명의 전주곡처럼 울려 퍼지는 Gloomy Sunday의 선율, 안드라스는 일로나의 생일 선물로 이

곡을 작곡하게 되지만, 한사코 노래 부르기를 꺼리던 일로나가 이 곡을 나직이 속삭인 뒤 안드라스는 그만 총의 방아쇠를 당기고 만다. 그 뒤 자보는 수용소로 끌려가고, 한스는 60년의 세월이 흐른 뒤 이 Gloomy Sunday의 저주로 결국 숨을 거두고 만다. 실화와 허구를 넘나들면서 우리를 삶과 죽음의 경계선에서 머뭇거리게 만드는 이 몽환적인 선율은 우울과 아름다움은 공존한다는 것을 말해준다.

머슴과 청성곡

머슴은 늙은이였다. 고향이 어딘지 모르는 그를 우리는 차 영감이라 불렀다. 고2 때 삼촌이 사업에 실패하기 전까진 마을 부자였던 우리 집엔 머슴이 셋 있었다. 차 영감은 몇 년째 함께 살면서 한량인 아버지를 대신해 대소 집안일을 했다. 그는 마을 사람들에게도 머슴이 아닌 유명인이었다. 소리를 좋아하고 북과 장구에 능해서 동네 어른들과 잘 어울렸다. 마을엔 판소리를 잘하는 두 사람이 있었는데 차 영감은 그들의 고수(鼓手)였다. 임방울처럼 부르는 한 사람에겐 화려한 장단으로, 김연수처럼 소리를 하는 다른 사람과는 걸쭉한 추임새로 재담을 이끌어 가면 온 동네는 어느덧 잔치판이 되곤 했다. 그러나 그에겐 매우 특별한 것이 있었다.

나는 유아기 때부터 병약해서 텃밭에 풋보리가 피고 앵두가 익을 무렵이면 어김없이 횟배를 앓았다. 그때마다 차 영감은 알아들을 수 없는 노래를 나직이 부르면서 나의 윗배를 살살 문지르곤 단소를 불었다. 그의 단소 소리가 나의 몸속을 부드럽게 흘러 다니며 아픈 곳을 어루만져주면 나는 스르르 잠이 들곤 했다. 자신이 부르는 가락이 요천순일지곡이라 하면서 몸속의 나쁜 귀신을 쫓는 곡이라 했다. 나중에 어떤 영화에서 그의 말을 확인할 수 있었는데 그게 바로 청성곡이었다. 이 곡은 낮은 음역의 태평가 선율을 단소나 대금의 순취(脣吹) 악기에 맞게 변조된 것으로 연주자가 자유롭게 가락을 만들어 부르는 무정형의 음악이 되었다. 한 음을 처음엔 가늘고 길게 뽑으며 출렁이다 잔가락을 짓고 다음 음으로 넘어가는 것이 멋스럽다. 연주자의 기량에 따라 가락을 늘리고 줄이는 자유로운 이 청성곡으로 차 영감은 어린 나의 영혼을 아름답게 타락시켜 지금도 내겐 익숙한 멜랑콜리다.

가설극장

"문화와 예술을 사랑하는 용산 면민 여러분 안녕하십니까…." 트럭에 장착된 확성기에서 검은 레코드판의 노래가 한 판 돌고 나면 수염이 덥수룩하게 난 사내가 마이크를 잡고 달변을 토한다. 집집마다 라디오도 없고 아직 텔레비전도 없던 시절 확성기에서 쏟아져 나오는 사내의 목소리는 지금의 어느 아나운서보다 신기했다. 산에서 나무하는 사람들, 들에서 일하는 사람들도 모두 손길이 저마다 바빠지고, 나이 찬 처녀가 있는 집들의 굴뚝에선 이른 저녁연기가 피어올랐다. 우리 집 서쪽 울타리의 싸리나무는 아직 서쪽 하늘 높이 떠 있는 태양을 배경으로 화투 속 칠싸리 껍질에서 흑싸리 껍질로 스스로 먼저 검게 그을리고 어스름은 일찍 마당을 덮었다. 그러면 저녁밥 짓는 고모의 손길도 바빠지고 나의 가슴에선 알 수 없는 서늘한 바람이 일었다.

장흥극장 이동선전반은 매월 한 번씩 동네 앞 정자나무 아래 트럭을 세워놓고 영화 선전을 했다. 그날 밤은 면내 5일 시장터에 천막 가설극장이 세워졌다. 저녁밥을 먹고 동네 아이들은 누구나 할 것 없이 서로 손잡고 시장터로 몰려갔다. 영화 관람비가 없는 아이들은 가설극장 밖에 서 있기만 해도 좋았다. 어떤 아이들은 나이 든 형이나 누나가 표를 사주어 영화를 처음부터 관람

하는 행운을 누리기도 했는데, 그 아이들의 행운은 이튿날까지도 이어졌다. 그들로부터 영화 이야기를 듣기 위해 아이들은 각자 여러 가지 먹을 것들을 가져와 둘러쌌다. 그렇게 영화 이야기를 해주는 아이들 중 유난히도 이야기를 재미있게 하는 아이가 있었는데, 주머니엔 언제나 딱지와 유리구슬이 가득 차는 그 아이가 나는 참으로 부러웠다. 내게도 고모와 삼촌이 있었지만 한 번도 나를 데리고 들어가지 않았다. 영화가 상영되던 날은 나는 언제나 주워 온 아이처럼 외로웠다. 사람이 가장 외로움을 느낄 때는 혼자 있을 때가 아니라 사람과 사람 사이에 있을 때다. 안에서 영화를 보는 사람들과 밖에서 기도를 서며 감시하는 사람들의 눈빛 사이에서 나는 더 외로웠던 것이다.

영화가 한창 상영되고 있을 때 아이들은 천막 매표대 앞에서 오들오들 떨면서 영화가 끝나기를 기다리며 서 있었다. 늦가을의 싸늘한 바람이 불어와도 천막 안까지 바람은 들어가지 못했고 영화에서 뿜어져 나오는 열기에 감화된 사람들은 추위도 비켜 갔다. 두 시간 정도 되는 영화가 끝나기 10분 전 천막이 뒤에서부터 거두어져 갔다. 아이들은 그 마지막 10분을 보기 위해 떨면서 밖에서 기다리고 있었던 것이다. 영화는 그 마지막 10분 안에 머물러 있었고 우리는 영화의 한가운데 앉아있었다, 한순간 나는 시간의 밖에 서 있었고 그 시간 속에선 아무런 일도 일어나지 않았다. 그런 일들이 고등학교에 들어가서야 용돈이 어떻게 마련되면서 가설극장의 일은 옛날의 추억으로 남게 되었지만 정착 돈은 있어도 볼 수 없었다. 언젠가부터 학생들은 마음대로 극장에 들어갈 수 없게 되었고 극장 안엔 늘 학생주임 선생님이 돌아다니고 있었다. 그리고 나의 영화에 대한 열정은 이 책 어딘가에 있는 '붕어빵집 박 씨 아저씨'에 자세히 씌어있는 것처럼 그 빵집을 드나들면서 자연스럽게 해결되었다.

"아저씨, 아저씨 잘못했어라! 아저씨…."
어느 순간 내 귓속으로 파고드는 이 비명은 천막 안에서 들려오는 것이 아니었다. 너무나 내 귀에 익숙한 이 목소리는 나의 신경을 온통 소리가 나는 쪽으로 쏠리게 했다. 가설극장 안에선 엄앵란 주연의 〈두만강아 잘 있거라〉 영화가 돌아가고 있었다. 천막 안의 확성기 소리에 귀를 쫑긋하고 있는 아이들이 참을 수 없도록 궁금한 것은 '다다다다. 피웅피웅' 같은 총소리였는데, 영화 속에서 들리는 총소리는 침묵 속의 모는 방향을 향해 번개처럼 뻗어나가는 상상의 하얀 핏줄이었다. 전쟁은 자신이 죽지만 않는다면 세상에서 가장 재미있는 게임이라는 글을 어느 책에서 읽은 기억이 난다. 이 장면에서 참지 못하고 몰래 천막 밑을 들추고 끼어들어 가는 성급한 아이들이 있었다, 그들은 대부분 기도를 서는 아저씨들에게 붙잡히고 혼이 나곤 했다. 그때 갑자기 들려오던 익숙한 그 목소리는 우리 집에 머슴으로 살던, 나보다 5살 위의 형이었다. 언제나 사람 좋은 형은 동네에서 인사성 밝고 나이에 비해 무척 점잖다고 소문난 형은 영화 속에서 난사되는 총소리의 속으로 숨어 들어가 옆 도랑을 타고 천막 밑을 끼어들다 붙잡힌 것이다. 사람들이 영화의 클라이막스에 정신이 팔려있고, 물이 흐르는 도랑 가 쪽은 감시가 덜할 것이란 나름 합리적인 판단을 했는지 모른다. 그러나 홀로 있다는 것은 아무도 없는 것이 아니라 누군가를 기다리고 있는 것이다. 그러므로 노련한 기도원들은 어둡고 물이 흐르는, 아무도 오지 않을 것 같은 곳을 주시하고 있었을 것을 그 형은 몰랐다.

눈이 퍼렇게 퉁퉁 부은 형과 함께 영화가 아직 끝나지 않았는데도 마지막 10분을 포기하고 집으로 돌아가고 있었다. 추석이 가까운 밤하늘에 떠 있는 달은 형의 눈물과 나의 한숨으로 부옇게 가장자리가 흐린 눈물 먹은 달이었다. 그토록 보고 싶은 영화를 보지 못한다는 나의 서러움과 눈이 붓도록 얻어맞은 형의 슬픔을 대신해서 달이 울어주는 것 같았다. 신작로를 걸어가는데 멀리서 푸른 불빛이 으스스 타고 있었다. 그땐 사람이 죽으면 혼불이 나가 신작로의 오래된 미루나무나 구멍 뚫린 당산나무에 떨어진다는 말들을 어른들로부터 자주 들었다. 형은 겁에 질려 뒷걸음을 쳤으나 나는 무서우면서도 호기심이 일었다. 가만히 그 자리에 서 있어도 혼불은 움직이지 않고 타오르지도 않았다. 한 발 한 발 마른침을 삼키며 조금씩 다가가도 푸른 불빛은 그대로였다. 더 가까이 천천히 다가가 보니 빛은 희미해지고 들여다보니 거의 사라졌다. 버드나무 고목 줄기의 가운데 썩은 곳이 그렇게 보였다. 나중에 과학 선생님에게 물어보니 나무속의 인 성분이 밤에 멀리서 보면 불처럼 푸르게 보인다는 것이었다. 사람을 겁먹게 하고 불행하게 하는 것은 나의 생각이란 것을 다시 한번 느끼는 순간이었다.

나의 뒤에 한참 떨어져서 땀으로 흠뻑 젖은 형은 내가 빨리 오라고 소리치자 그때야 엉금엉금 다가왔다. 초등학교도 다니지 않았던 형은 나의 무모함과 훗날 들려준 과학 선생님의 이야기를 믿지 않았다. 그는 그 혼, 불이 착한 사람의 것이었기 때문에 내게 해를 끼치지 않았다고 말했다. 때론 청소하지 않은 방에 누워있을 때가 가장 편하다는 생각이 든다. 정리된 방은 우리의 의식을 제단하고 구속할 때가 있어 어쩌면 과학을 모르는 순진무구한 그의 삶이 편한 것인지도 모른다. 형과 나는 여러 이야기를 주고받으며 동네 앞에 거의 이르렀다. 산기슭이 신작로까지 내려온 이웃 동네의 밭에는 고구마가 한창 밑이 들고 있었다. 추석 전의 고구마는 아직 완전히 크지는 않았어도 그 시각 사각하고 시원·달콤한 맛은 군것질거리가 없던 시절 좋은 간식거리였다. 밤에 걸음도 많이 걸었고, 이런저런 일로 우린 배가 고팠다. 누가 먼저랄 것도 없이 우리는 고구마밭은 더듬었다. 그때 멀리서 누군가 우리에게 돌을 던지며 쫓아오고 있었다. 나는 우리 마을로 달아나지 않고 앞들로 뛰었다. 마을로 달아나면 쫓아오는 사람의 예측 상자 속으로 들어가는 것이다. 그러나 들판은 예측 불허의 상자 밖이다. 뒤에선 아무런 소리가 들리지 않았다. 뛰던 가슴이 진정되고 나는 집으로 들어갔다. 그리고 얼마 있지 않아 그 고구마밭 집 주인 이웃 마을 아저씨가 나와 함께 달아나던 형의 목덜미를 잡고 우리 아버지의 이름을 크게 부르며 들이닥쳤다. 그날 밤 아버지는 나를 기둥 나무에 묶고 가죽 허리띠를 벗어 피가 나도록 때렸다.

그리고 세월이 몇 년 더 흘러 우리 집은 다른 고장으로 이사를 하고, 나는 대학을 졸업했으나 당장 직장을 잡지 못해 집에 내려와 농사일을 돕고 있었다. 그때도 옛날의 그 형은 우리 집 머슴으로 있었다. 매사에 생각이 빠르지 못하고 행동이 민첩하지 못했지만 사람 좋은 것은 여전해서 우리 집에 오랫동안 머슴살이를 하고 아버지는 그를 결혼까지 시켜주게 된다. 아버지는 방앗간을 운영하면서 경운기로 동네의 보리, 벼 탈곡과 논갈이를 도맡아 했다. 아버지는 그전까지 머슴을 두 사람씩 두었지만 그 해엔 내가 집에 있어서 한 사람만 두고 내가 대신 일을 하고 있던 날 한 사건이 일어난다. 머슴인 형과 나는 동네 어느 집의 벼를 탈곡하고 있었다. 논 주인이 옆에서 거들어주기 때문에 혼자서도 할 수 있는 일이었다. 한 참 일을 하고 있는데 읍내극장의 이동선전 트럭이 확성기를 틀면서 지나갔다. 극장에 그날 오후 창극이 열린다는 것이었다. 세월이 많이 지났어도 그때 확성기에서 들린 소리꾼들의 이름이 기억난다. 박후성, 오정숙, 오갑순, 은희진, 강종철 등이 출연한다는 심청전이었다. 그 소리꾼들은 지금은 오갑순을 제외하곤 모두 세상을 떴어도 그때 그들이 입에서 내던 소리 공기는 지금도 내가 듣고 있다. 공기는 세상을 먼저 살다 간 사람들의 숨소리 말소리다. 그때도 판소리광이었던 나는 일이 손에 잡히지 않았다. 오후 한 차례만 공연을 하고 이웃 강진으로 간다는 것이었다. 레코드 음반에서만 듣던 소리를 직접 듣는다니 가슴이 뛰었다. 머슴 형 역시 나보다 더 판소리를 좋아했고 직접 소리도 잘했다. 나는 기어이 형에게 일을 맡기고 극장으로 그대로 향했다.

그런데 난처한 일이 벌어졌다. 한창 탈곡을 하고 있는데 경운기가 꺼져버린 것이다. 나는 어려서부터 아버지가 소형발동기부터 대형발동기 경운기를 분해하고 고치는 것을 보아왔기 때문에 후에 오토바이까지 웬만한 고장은 내 손으로 해결했다. 그러나 내가 곁에 없는 그 형은 어찌할 바를 몰랐다. 논 주인은 짜증을 내고 급기야는 방앗간에서 일을 하는 아버지를 불러와 경운기를 고치고 날이 늦어서야 탈곡 일을 마칠 수 있었다. 나는 성격이 고전적이어서 모든 기계의 기관이 작동되는 원리와 그 과정에 흥미가 있어서 어려서부터 아버지의 만년필, 할아버지의 축음기 등을 아무도 없을 땐 분해하여 내부를 자세히 들여다보고 다시 조립하곤 했다. 9살 위 막내 삼촌이 축음기를 몰래 틀다 태엽을 끊어먹고 안절부절못할 때 내가 못 머리를 사용해 두들겨 이은 적이 있다. 그러나 그 머슴 형은 낭만적인 성격이어서 기계의 기능만을 이용할 뿐 원리를 모르기 때문에 고장이 나면 속수무책이었다. 아버지는 내 방으로 들어가 방 안에 있는 스피커가 분리된 콘솔형 앰프와 몇 가지 판들을 모두 밖으로 던져버렸다. 젊은 놈이 늙은이들이나 듣는 판소리에 미쳐있는 것이 정상이 아니라고 소리쳤다. 그때 망가진 음반이 임방울 국창이 부른 적벽가 한 질이었는데 훗날 쉽게 구할 줄 알았지만 녹음된 테이프를 구했을 뿐 LP 음반은 지금까지 구하지 못하고 있다. 그리고 지금도 기억나는 재미있는 일은 그 형이 아버지가 던져버린 전축과 음반에 임방울의 혼이 들어 있는데 큰일 났다고 걱정하던 모습이다. 그 옛날 어렸을 때 그 형이 12~3살쯤 되고 내가 7~8살 정도일 때 판소리를 썩 잘 부르는 그 형을 마을 어른들이 붙잡아 목을 잘라내 축음기 안에 넣는다고 하면 소리소리 지르며 울부짖었던 일이 떠오른다. 그때 그 형은 축음기 안에 들어있는 사람의 머리가 노래를 한다고 믿고 있었던 것이다.

남한산성과 남원산성

남도 민요 둥가타령에 나오는 지명이 남원산성이냐 남한산성이냐? 설이 분분하다. 방송에서도 같은 노래에 두 가지의 명칭을 사용한다.
노랫말에 이화문전이 처음에 나온다. 이화는 흔히 배나무꽃으로 알고 있지만 이 노래에선 이 씨의 꽃(오얏나무꽃, 자두나무꽃)으로 조선 왕조를 의미한다. '남원(남한)산성 올라가 이화문전 바라보니'라는 말 그대로 지금의 성남에 있는, 남한산성에 올라 이 씨 조선 왕조를 생각해보니로 해석된다.

수진이 날진이 해동청 보라매는 매의 종류로 수진이=길들인 매, 날진이=야생 매, 해동청 보라매=만주 동쪽 산의 최고의 사냥매, 송골매라고도 하는데 용감한 조선의 의병과 관군 및 특수 군사들을 의미한다. 가사 중 '이리로 가며 쑥국, 쑥쑥국….' 부분의 쑥국새는 수국하는 새, 즉 수국은 나라를 지키자는 의미로 함께 싸웠던 일반 백성들을 의미한다.

그리고 노래의 마지막 부분 '심양강 건너가 이 친구 저 친구….' 노랫말은 병자호란 때 청나라의 심양으로 끌려간 척화파 김상헌, 홍익한, 오달제 삼학사를 의미하는 것으로 병자호란의 시대

상황을 구전으로 노래하던 것이 철종 이후 각 지역에서 발생한 민요로 정착하면서 남도 지방에선 남한산성이 남원산성으로 노랫말이 바뀐 것이다. 물론 남원에도 삼국시대 축성한 교룡산성이란 성이 남아있지만, 노랫말의 의미로 보아 별 관계가 없다. 따라서 본래 남한산성이었던 노랫말이 남도 민요로 정착하면서 남원산성으로 부르게 된 것이다.

사진 - 배홍배

조성진을 빛나게 한 푸틴

막바지 겨울의 얼음처럼 차갑게 빛나는 건반 위를 동양인의 가냘픈 왼손은 부드럽게 미끄러지고, 파리한 오른 손가락 끝에선 명확한 마지막 멜로디의 섬광이 번뜩였다.
청중들은 순간의 빛나는 적요에 취한 듯 고요했다, 그리고 한 청중이 일어나 열광의 쓰나미에 머리가 비어버린 듯 퀭한 목소리로 외쳤다.
"부라보…."
이어서 한 사람씩 일어나기 시작하고, 마침내 모두 기립하여 부라보를 외쳤다.
끝없는 전율이 얽어맨 청중들은 개별적인 구조를 기다리고 있었던 것이다.
이렇게 우리의 조성진은 미국 카네기홀을 발칵 뒤집어버렸다.

2022년 2월 24일 러시아가 우크라이나를 침공하자 미국의 카네기홀에선 시위가 일어났다.
하루 뒤 25일 밤 공연 일정이 잡혀있는 빈 필의 러시아 지휘자 게르기예프와 협연자 피아니스트 데니스 마추예프가 푸틴 주의자란 이유에서였다.
빈 필은 두 사람을 해고하고 새로운 지휘자와 피아니스트를 급히 찾았다.
캐나다 출신 네제 세갱과 조성진이었다.

베를린에 있던 조성진은 뉴욕으로 오는 비행기 안에서 악보를 펴놓고 읽어볼 시간밖에 없었다.
초절 난곡인 라흐마니노프 협주곡 2번을 2019년에 연주한 이래 쳐보지 않았었다.
더 곤란한 일은 새 지휘자 네제 세갱과 호흡을 맞춰 볼 시간이 없는 것이었다.
25일 당일 오후 6시까지 만날 시간이 없던 그들은 8시 공연이 시작되기 전 75분 정도 이야기를 할 수 있을 뿐이었다.

연주가 시작되고 넓은 카네기홀의 스턴 오디토리엄 펄만 스테지에 정적이 흘렀다.
조성진의 까만 피아노 위엔 아무런 하얀 종이가 보이지 않았다.
동양에서 온 조그만 체구의 피아니스트 머릿속에서 공포의 흰 악보가 펄럭였다.
등에선 식은땀이 흘렀다.
카네기홀이 어떤 곳인지는 모두가 안다.
아무런 준비도 없이 처음 카네기홀에 선 조성진은 죽음의 사막에 홀로 버려진 느낌이었을 것이다.
더욱이 빈 필은 유색 인종의 단원 가입을 불허하는 것은 물론 협연도 하지 않는 것으로 유명하다.

이런 갑작스런 상황을 모두 알고 있었던 청중들 또한 불안하기는 마찬가지였다.
그러나 연주가 시작되고 우리의 조성진은 청중들에게 불안에서 한 걸음 더 나아가면 그곳엔 감동을 위한 마음의 율동이 파도치고 있음을 인식시키고 있었다.

기차 매니아 음악가

그 밤의 일이, 기타를 치며 아이와
울면서 노래 부르던 일이 꿈이었는지
생시였는지는 지금도 알 길이 없다.
그날 이후 아이의 소식은 어디에서도
들리지 않았고 나는 비가 오는 날이면
아이가 열차에서 내렸다고 하는,
기차를 타고 어디론가 떠났을지도
모르는 기차역을 찾아가 하염없이
앉아있곤 했다.

이젠 세월이 흐르고 나이가 들어
비 오는 오늘 앨범 속 열차 사진들을
물끄러미 들여다보는 것은
내 인생의 시간표 끝 어딘가에
위성처럼 붙어 있는
내 마음의 간이역을 찾아 떠나는 일이다.

우리나라 사람들이 가장 좋아하는 클래식 음악은 드보르자크의 신세계 교향곡이다.

4악장의 도입부는 클래식을 좋아하지 않는 사람도 한 번쯤은 들었을 것이다.
이 곡의 모티브는 드보르자크가 미국에 있을 때 동경하던 대륙 횡단 열차의 기관차가 출발하는 힘찬 역동성이다.
도보르자크는 음악을 가르치다가 종종 제자들에게 기관차에 대하여 이야기하곤 할 만큼 기차 매니아였다.

그의 제자들 중 사위가 된 요셉 수크에게 기차 번호를 조사하게 했다. 특정 시간에 들어오는 열차의 번호를 물었다.
수크가 1027번이라 대답하자 드보르작은 1027은 열차가 아닌 기관차의 번호라고 핀잔하며 딸에게 그것도 모르는 수크와의 결혼을 재고하라고 말하기도 했다.

> 나는 기관차가 탄생한 거대하고 독창적인 천재성을 좋아한다.
> 기관차는 서로 다른 수많은 부품들로 이루어져 있다.
> 각각의 부품들은 저마다 중요한 역할을 하며 있어야 할 자리에 있다.
> 아무리 작은 스크류도 제 자리에서 무언가를 단단하게 지탱하고 있다.
> 그것들은 하나의 목표와 역할을 가지고 있으며 그 결과는 대단한 것이다.
> 그렇게 만들어진 기관차는 레일 위에 올려지고 물과 석탄을 채운다.

기관사가 작은 레버를 움직이면 다른 커다란 레버가 따라 움직인다.
객차의 무게가 모두 합해 몇천 톤이나 되지만, 기관차는 토끼처럼 그것들을 끌고 빠르게 달린다.

- 안토닌 드보르자크

내가 드보자크의 음악을 좋아하는 것은 음악가인 그와 나의 정서가 많이 닮았는지도 모른다.
2022년부터 전국의 간이역을 다니며 글을 쓰고 찍은 사진들을 10여 년간 국내 몇 곳의 문예지에 연재하고 간이역 관련 단행본을 두 권 냈다.

이필원과 소녀

76년 6월 20일 힛트레코드에서 나온 음반,
76년 7월 4일 오늘 구입했다.
소년 시절부터 클래식을 들어왔지만 이 음반은 나오자마자
구입한 것은 내 학생 시절의 이야기기 때문이었다.

나는 지금 낡아 가는데, 이미 낡았는데
음반은 내 싱싱하던 시절의 이야기를
들려준다.
노스텔지어와 현실 사이의 낯선 시공을
유영하는 내 영혼의 공명을 듣는다.

이필원, 천부적인 음악적 두뇌를 가졌으면서도 사치스럽거나 화려함으로 사람들을 현혹하지 않았다.
가수 자신은 스스로 음악에 대한 열정이 강렬한 기쁨과 희열로 충만 되어있었다.
그의 노래는 기술적인 것과 음악에 대한 확신으로 가득 차 있으면서도 자신의 감정으로 과해석하지 않았다.
노래가 갖는 정서에 집중함으로써 단편적이 아닌, 전체적인 이해를 추구한 진지함은 음악인으로서의 확고부동한 확신으로 음을 윤택하게 하는 통찰력이었다.

두 피아니스트 이야기
-반 클라이번과 다니엘 폴락

오디오는 방 몇 평이지만
음악의 세계는 우리 생애에서
그 끝을 알 수 없이 넓다.

라흐마니노프의 24개 프렐류드 중에서도 특히 3개가 유명하다. C샵 단조와 G단조, 그리고 G샵 단조다. 조용하며 멜랑콜리한 연타로 시작하는 곡은 쇤베르크의 12음 기법이 지배하던 당시의 음악 사조 속에서 외로이 전통을 지킨 마지막 로맨틱 작품으로 클래식 음악에 익숙하지 않은 사람들에게도 쉽게 다가온다.

1958년 소련이 스푸트니크 우주선을 쏘아 올린 6개월 후 미국의 텍사스주 출신 23세 반 클라이번이 제 1회 차이콥스키 국제 피아노 콩쿠르에서 우승함으로써 미국의 스푸트니크를 소련 땅에서 쏘아 올리고 국제적 명성을 이어가는 피아니스트가 된다. 당시는 미소간의 냉전이 극에 달했던 시대로 우승을 소련이 아닌 미국인이 차지하는 것은 소련의 자존심을 상하게 하는 일이었지만 당시 서기장 후루시쵸프의 최종 승인으로 확정된 이야기는 유명하다.

미국의 우승자 반 클라이번 외 또 다른 미국인 우승자가 있었지만 국내엔 알려지지 않았다. 당시 모스크바에서 상을 받은 미국사람은 반클라이번 혼자가 아니었다. 23살의 미국 로스앤젤레스 출신의 다니엘 폴락도 함께 수상했다. 제1회 차이콥스키 피아노 콩쿠르에 참가한 미국인은 4명이었다. 반 클라이번, 다니엘 폴락, 노르만 쉐틀러 그리고 제리 로웬탈이 그들이었다. 결승에 반 클라이번과 다니엘 폴락이 올라갔다.

클라번과 폴락은 줄리아드 음대에서 전설적인 피아노 교수 로시나 레빈에게 배웠다. 모스크바 컨서바토리를 졸업한 레빈 교수는 러시아 유명 피아니스트 사포노프와 친분이 있는 피아니스트 요셉 레빈의 아내였다. 줄리아드에서 같이 공부하면서도 폴락과 클라이번은 언제나 경쟁자였다. 두 사람은 레빈 교수 앞에서 피아노를 치는 것이 마치 카네기홀에서 연주하는 것 같은 압박감을 받곤 했다.

클라이번은 늘 수업에 늦게 오면서 초콜릿 박스나 꽃다발 같은 것을 사와 교수의 환심을 샀다. 폴락은 그런 그가 싫어 졸업 후 모스크바 경연 때까지 다시 만나지 않았는데, 폴락이 비엔나에서 공부하고 있을 때 한 교수가 그에게 차이콥스키 피아노 콩쿠르 팜

플랫을 가져왔다. 독일어로 된 팜플랫을 읽을 수 없었던 폴락에게 교수는 필요한 것을 요약하여 읽어주었다. 준비 기간이 두 달밖에 되지 않아서 폴락은 피나게 레퍼토리 곡들을 연습해야 했다.

콩쿠르 전날 밤 저녁 식사에서 한 경쟁자가 폴락에게 어떤 곡을 연주할 거냐 묻자 폴락은 먀스콥스키와 메트너 그리고 쇼스타코비치 곡이라고 했다. 그러자 그는 왜 모두 소련 작곡가들의 곡뿐이냐고 다시 묻고는 그중 두 곡은 레퍼토리에 없는 곡이라 했다. 폴락은 순간 자신이 잘못 준비하고 있는 것을 직감했다.

폴락은 즉시 신청곡을 철회하겠다고 요청했지만 주최 측에선 혹시라도 국제적 말썽이 일어날 것을 우려해 디미트리 쇼스타코비치 주재로 임시 회의를 했다. 소련에서 열리는 대회에 미국인 참가자가 오직 소련 작곡가들의 곡들만 연주해야 한다는 것이 정치적 문제로 가십거리가 될 수 있기 때문이었다.

하지만 임시 회의에선 폴락이 잘못 준비한 곡으로 연주할 수 있도록 허락했고, 폴락과 클라이번이 나란히 결승에 올라갔을 때 스비아토슬라브 리히테르는 우승자가 두 미국인의 경쟁으로 결정될 거라고 선언했다. 결과는 클라이번의 역사적 우승으로 끝나고 클라이번이 미국에 돌아와 뉴욕에서 가두 퍼레이드를 벌이고 아이젠하워 대통령을 만나는 동안, 폴락은 2개월에 걸쳐 소련에 남아 러시아와 우크라이나 순회공연을 하고 음반 녹음까지 했는데 이는 소련 정부의 주선 아래 이루어진 것이었다.

차이콥스키 콩쿠르에서 참가자들은 자국의 곡 하나를 연주하도록 요청을 받았다. 폴락은 바버의 소나타를 연주했고 클라이번 역시 그 곡을 연주했지만, 폴락이 전곡을 연주한 반면 클라이번은 마지막 악장 푸가만 연주했다. 폴락이 연주한 바버의 소나타는 소련에선 초연이었기 때문에 나중에 녹음까지 갔던 것이다.

폴락은 그 후 러시아에서 20 여 곳을 순회하며 연주를 했고 폴락은 러시아 국민들과 더욱 가까워졌다. 폴락이 2008년 성 페테르부르크에서 차이콥스키 콩쿠르 50주년 기념 연주를 한 것이 라디오 방송과 텔레비전 방송을 통해 소련과 그 위성국을 포함 동유럽 중국까지 중계되면서 폴락의 명성은 국제적으로 알려진다. 우승자는 클라이번인데 정작 소련에선 준우승자 폴락이 더 인기가 있었던 것이다.

치졸함 속의 보석

여자가 부르는 오페라 아리아 중 가장 아름다운 노래를 들라면 푸치니의 오페라 자니 스키키 중 사랑하는 나의 아버지를 꼽지만, 극의 내용은 너무 치졸하여 공연되지는 않고 이 아리아만 불린다.

이탈리아 피렌체의 갑부 부오조 도나티의 임종 장면과 자식이 없는 그의 재산을 탐내는 친척들, 그러나 부오조는 전 재산을 교회에 기증하는 유서를 남기고 죽는다.

유산을 되찾기 위한 방도를 찾아 머리를 맞대는 친척들, 부오조의 사촌 동생 치타의 조카 리누치오가 일을 자신의 미래 장인 자니 스키키에게 맡기자 제안하지만 업신여김을 당한 그는 거절한다.

이때 자니 스키키의 딸 라우테가 나서며 아버지가 이 일을 맡지 않으면 죽겠다고 애원 아닌 협박을 한다.
그녀는 리누치오와의 결혼을 위해선 많은 지참금이 필요했던 것이다.

어쩔 수 없이 자니 스키키는 묘책을 짠다.
부오조의 죽음을 사람들에게 알리지 않고 자신이 부오조로 변장

하여 가짜 유언장을 쓰는 것이었다.

그리곤 자신에게 가장 많은 유산을 배분하자 친척들은 반발하지만 조금이라도 유산을 받기 위해선 그의 가짜 유언장을 따를 수밖에 없었다.

오페라는 단테 신곡 지옥편 이야기를 각색한 것으로 자니는 그 죄로 아직 지옥에 있다고 한다.

훌리오 이글레시아스

40년 넘도록 꺼내지 않았던 엘피 음반
하나를 꺼내
턴테이블에 올린다.
사랑을 잃은 사내가 차갑고 맑게 운다
겨울 하늘처럼.
하얀 눈동자에 쨍- 금이 갈 것 같다.

스페인의 훌리오 이글레시아스다.
아시아 민족, 아시아 민족에게 영향을 받은 아랍인들, 그들에게 다시 영향 받은 라틴계 우리의 친척 아메리카 인디언들에겐 우리 노래의 피가 흐른다.
그 옛날 드넓은 초원을 달리며 호이호이 외치던 목소리의 DNA가 노래가 된다.
역대 테너 가수 이탈리아의 카루소, 질리, 스키파, 모나코, 스테파노, 코렐리, 파바로티 등에서부터 스페인의 도밍고, 카레라스 남미 칠레의 플로레즈, 멕시코 비야존 등 클래식계의 유명 가수들은 아시아인으로부터 영향을 받은 라틴계나 아시아인의 친척들이 많다.
훌리오 이글레시아스의 음색과 창법이 아랍의 분위기를 풍기는 것은 라틴 유럽이 이슬람의 지배를 200년간 받은 흔적이다.

옥추경

오늘은 옛날 국악방송에서 자주 들었던 김복섭 스님의 옥추경이 생각나 유투브를 뒤져도 그의 육성은 없다.
그때 녹음을 해둘걸
김복섭님은 유복자로 태어나서 4살 때 어머니마저 세상을 떠나 부모에 대한 한이 많아 석왕사에 출가했다.

조상의 원혼을 위로하는 만조상해원경과 귀신을 부리고 쫓는 옥추경을 복습 스님 독경으로 방송에서 자주 들을 수 있었다.
그 느낌이 독특해서 오래전 시로 쓴 기억이 난다.
옥추경은 사도 세자를 미치게 했다는 이야기도 있을 만큼 기괴한 곡이다.

옛날 듣던 복섭 스님의 옥추경을 떠올리며 배우 정해균의 소리로 영화 사도의 OST 만조상해원경을 듣는다.
소리는 인간의 원초적 감각이다.
음악은 소리의 미완성된 언어다.
죽은 자들의 영혼이 뭉쳐 산 자의 영혼을 두드린다.
그것은 언어의 기능적 비완성의 완벽한 비명이다.

오디오 매니아로 살아가기

나는 한때 오디오 매니아였다.
지금 클래식 음반을 5천여 장 갖고 있지만
오디오에 빠지지 않았다면
몇만 장은 가지고 있을 것이다.

오디오를 새로 집에 들이면
음악을 듣는 것이 아니라
오디오의 숨소리를 들었다.
어쩌면 그것은 고도의
예술 세계를 경험하는 일이었는지도 모른다.

그러나 그것은 마치 달이 좋아
달에게 빌려준 내 밤의 일부를 바라보며
두 눈이 푸르게 멍들 때까지를 기다리는
한두 밤밖엔 되지 않았을 것이다.

음악은 고양이의 발등에 쌓이는 공기와 같아서
언제나 내 곁에 함께 있는 것인데
느끼지 못하고 스피커의 입을 벌려 소리를 꺼내는 것이었다.

울어서 눈이 부은 피아니스트

캐나다 몬트리올에서 뉴욕 필하모니의 연주 회가 열리고 있었다.
협연하는 젊은 여자 피아니스트가 두 어깨와 갈라진 치마 사이로 한 쪽 다리를 거의 드러내고, 게다가 검은 선글라스를 끼고 연주하고 있었다.
그녀는 섹시한 연주 의상과 과감한 노출로 유명한 중국계 피아니스트 유자왕이었다.
리스트 같은 화려함과 파워로 무대를 사로잡는 스타일이지만 내적인 섬세함과 지나치지 않는 쇼맨십으로 근육질적인 서정적 연주를 들려주는 그녀가 클래식 연주회에서 선글라스를 쓴다는 것은 이례적이었다.
원인은 다른 데 있었다.
유자왕은 연주가 시작되기 세 시간 전에 캐나다 비행장에 내렸다.
다른 때보다 무척 시간이 촉박했는데 입국 심사장에서 헤프닝이 벌어졌다.
무슨 일인지 그녀를 내보내 주지 않았다.
자신은 미국의 피아니스트이며 2시간 후 연주회가 시작된다고 그녀는 설명을 했으나 계속 기다리라고만 했다.
분통이 터지고, 세계적인 자신을 알아보지 못한 데 대한 설움이 밀려와 그녀는 눈이 붓도록 펑펑 울었다.
결국 한 시간 정도 지나서야 그녀는 비행장 밖으로 나올 수가 있었다.
그녀는 곧바로 연주회장으로 달려갔다.
이미 시간이 조금 지나 오케스트라와 청중은 그녀를 기다리고 있었다.
그러잖아도 본래 눈이 조금 작은 유자왕은 울어서 퉁퉁 부은 눈으론 무대에 오를 수 없어 선글라스를 낀 것이었다.
유자왕은 그 전부터 지금까지 세계 여류 피아니스트들 중 몸값이 가장 비싼 탑 클래스 중 탑이다.
그런 자신을 입국 심사원이 몰라주다니….
그녀로선 화나고 서러운 일이기도 했을 것이다.

지휘자를 울린 임윤찬

2022년 6월 반 클라이번 콩클 우승 소식을 들었지만 별 관심을 갖진 않았었다. 반 클라이번 대회 출신들의 연주 성향이 루마니아 피아니스트 라두루프를 제외하곤 나의 취향과 조금 달랐다. 그러나 어느 날 임윤찬의 결승곡이 라흐마니노프 피아노협주곡이란 말을 듣고 급 관심을 가졌다. 라흐마니노프의 피아노협주곡 2번이 나의 젊은 시절 무서운 병마로부터 구해준 곡이었기 때문이다.

역대 피아니스트들 중 가장 기교가 뛰어난 피아니스트를 꼽으라면 리스트, 안톤 루빈스타인(러시아), 라흐마니노를 꼽는다. 호로비츠는 라흐마니노프를 음악의 슈퍼 히어로라고 말했다. 브람스와 차이콥스키는 오케스트라를 위한 곡을 쓰는데 능했으나 피아노곡에는 약했고, 쇼팽은 피아노곡엔 능했으나 오케스트라 곡엔 약했는데 라흐마니노프는 오케스트라와 피아노에 모두 좋은 곡을 남겼고, 그 자신이 역대 최고의 피아니스트였으며 뛰어난 지휘자였기 때문이라 했다.

이런 라흐마니노프를 임윤찬이 결승에서 연주했다는 것은 나의 개인적인 기억과는 별도로 그의 진정한 기량을 들을 수 있을 것 같아 결승 동영상을 찾아 들었다. 첨부터 임윤찬의 손가락 터치의 밀도감에 깜짝 놀라 손이 엄청 클 것이라 생각하고 사진을 확대해서 다시 봤다. 그러나 그의 손은 피아니스트로선 보통 크기 였다. 중국의 마녀 피아니스트 유자왕이 크지 않은 손으로 건반을 주무르듯 임윤찬이 그랬다. 블라디미르 아쉬케나지가 작은 체구임에도 손이 매우 커서 라흐마니노프에 특화된 연주를 보여주듯 라흐마니노프의 곡은 일단 손이 커야 한다.

라흐마니노프는 거대한 자신의 손에 맞춰 작곡을 했다. 그래서 그의 곡들은 도약이 심하고, 12도까지 이르는 그의 아르페지오는 손가락이 길지 않으면 연주하기 어렵다.
또한 불규칙한 화음의 진행과 빠른 몰아치기 등 마라톤 같은 그의 피아노 협주곡들은 대단한 연습과 지구력을 필요로 한다.
예전 피아노의 여걸 마르타 아르헤리치나 오늘날의 중국 유자왕 등 외 눈에 띄는 라흐마니노프 전문 여류 연주가가 드문 것도 이런 이유에서다.
그리고 라흐마니노프의 피아노 협주곡 3번을 연주하기 가장 어려운 곡이라고들 한다.
물론 이 곡보다 기교적으로 어려운 곡들이 있긴 하지만, 거친 기교와 라흐마니노프의 맑고 우울한 서정이 동시에 결합한 곡이어서 연주하기 어려운 것이다. 이러한 난곡을 19살의 어린 임윤찬은 마치 거대한 손가락의 소유자처럼 피아노 앞에 접힌 듯 꼼짝 하지 않고 앉아 한 치의 흐트러짐도 없이 건반 위를 호령한다. 그의 손끝에선 달빛이 부서지는 것 같은 영롱한 빛깔의 음이 흘러나온다.

연주가 끝난 후 지휘자는 밀려오는 격정의 쓰나미 속에 임윤찬을 껴안고 눈물을 흘린다.

조성진의 매직

2020년 7월 스위스 솔스부르크 페스티벌에서 넬슨 괴르너, 자비네 마이어, 솔 가베타가 베토벤의 피아노 클라리넷 첼로 트리오를 연주하게 되어있었다.
그러나 괴르너의 갑작스러운 사고로 연주 2일 전에 조성진이 대타로 참가한다.
당시의 영상들을 들어보면 조성진이 정말 이틀 연습한 연주인지 믿기지 않을 만큼 완벽한 하모니를 이룬다.
지금 국제무대에서 활발하게 활동하고 있는 조성진은 센세이셔널 하거나 튀는 것이 아닌 균형 있는 연주를 들려준다.
조성진의 건반 위를 흐르는 손가락은 모든 음정들 위에서 가볍고 편안하다. 그러면서도 음 하나하나 울림이 정교하다.

곡은 클라리넷의 이야기와 첼로의 심오함을 피아노가 가벼운 유머로 받쳐주며 코로나19로 피폐해진 인간성의 회복으로 이끈다.
특히 3악장에 와서 조성진의 피아노는 아름다운 겸손함으로 연주자들의 개별적인 번뜩임을 하나로 융합한다.
시각적으로 그는 시간의 한가운데 있다.
또 한순간 시간의 밖에 있었고 그의 시간 속에선 아무것도 흐르지 않았다.

이것은 매직이다.
음표와 악보 연주자 사이에 흐르는 시간이 보인다.
더 큰 매직은 연주가 끝났을 때 남아있는 것이 아무것도 없다는 거다.
깔끔하고 개운함만이 남아있을 뿐이다.
작곡자 베토벤이 들었다면 동양 한국에서 온 젊은 피아니스트, 2015년 17회 쇼팽 피아노 콩쿠르대회 우승자의 이 연주를 들었다면 완벽이란 단어 외 다른 표현은 없었을 것이다.
트리오 연주가들이 꿈꾸는 완벽한 그 조화다.

조성진은 지난해 1월 모차르트의 미공개 피아노곡 알레그로 D 장조를 모차르트 고향 잘츠부르크에서 독일 그라모폰의 온라인 서비스로 세계 최초 연주 공개하는 영광을 누렸다.
신인 피아니스트에겐 이례적인 일이다.
조성진은 현재 독일의 그라모폰과 전속 계약을 맺고 음반들을 제작하고 있다.
우리나라 연주자로서 독일 그라모폰에서 음반을 낸 연주자는 바이올린의 김영욱, 정경화, 지휘자 정명훈, 소프라노 조수미 등이 있지만 전속 계약은 조성진이 처음이다.
그라모폰과의 전속 계약은 조성진이 현재 부동의 세계 톱 클라스라는 것을 증명해준다.

얼어붙은 연주가

1808년 12월 22일 목요일 베토벤은 빈 극장에서 중요한 공연을 하나 한다.
4시간의 프로그램 중 피아노와 오케스트라 코러스를 위한 코랄 판타지가 들어있었다.
그때 공연된 모든 곡들이 역사적으로 위대하게 어려운 작품들이라고 음악가 요한 프레데릭 라이차르트는 보도했다.

그날 밤 히터가 들어오지 않는 극장 안은 매우 추웠다.
청중은 모피와 망토로 감쌌으면서도 덜덜 떨었고,
연주가들은 무대에 거의 얼어붙었다.
피아노 솔로로 시작하는 코랄 판타지가 연주되는 동안 마침내 연주회는 긴장으로 무너졌다.
클라리넷 주자들이 잘못 생각해서 너무 빨리 치고 들어왔다고 독일의 음악신문은 보도했다.
그들이 잘못 생각한 것이 아니었다.
머릿속이 얼어 생각이 먼저 미끄러져 나온 것이다.
클라리넷의 이상한 불협음이 들리자 베토벤은 박차고 일어나서 클라리넷들을 조용히 시키려 했으나 그들은 계속 미끄러졌다.
괴팍한 베토벤은 당황해서 큰 소리로 외쳤다.
"그만, 그만. 거기 그렇게 하는 것 아니야, 자 다시 다시!"

마크 레빈슨과 소녀 가수

맹렬하게 쨍하고 강한 소리에 나와 함께 간 친구는 이미 이국적인 신음을 하기 시작했다.
그는 소리의 외적인 경계에도 이르지 못하고 소리 앞에서 굴복하고 만 것이다.
그러나 내적으로 섬세한 음의 입자감과 요철이 심한 음의 굴곡에서 넘어져 나는 벌써 토착적인 신음을 하고 있었다.

나와 친구가 80년대 어느 오디오 애호가 집에서 마크 레빈슨이란 오디오 소리를 처음 들을 때의 이야기다.
억대가 넘는 오디오의 소리 앞에 우리는 복종의 의무를 미리 강요당했을지도 모른다.
마크 레빈슨, 그는 1945년 미국에서 유대계 아버지와 독일계 어머니의 아들로 태어났다.
아마추어 음악 연주가며 녹음 엔지니어였던 그는 기존의 음향기기들에 불만을 품고 리차드 바우엔, 존 칼 등과 자신의 차고에 조그만 오디오 랩을 차렸다.

그늘이 만들어낸 기기들은 성공을 거둔다.
그러나 돈이 벌리자 동료들끼리 내분이 일어나고 사업 경영에

서툰 마크 레빈슨은 동료들과 헤어지며 회사는 물론 자신의 이름인 마크 레빈슨이란 상표권마저 빼앗긴다.
이후 마크 레빈슨은 첼로란 오디오 회사를 세웠으나 성공하지 못하고 중국으로 한국으로(LG전자 컨설턴트) 떠돌다 현재는 스위스에 다니엘 헤르츠란 오디오 사를 만들었으나 신통치 못하다.

그는 사업 수완이 서툰 외로운 천재였다.
흥미로운 것은 마크 레빈슨이란 상표가 다시 법정 소송에서 마크 레빈슨도, 그의 동료도 아닌 마드리갈 오디오 랩으로 넘어갔다.
그리고 마크의 아내마저 이혼하고 마드리갈 오디오 랩 사장과 재혼한다.
자신의 혼과 같은 회사의 상표와 아내까지 같은 사람에게 빼앗겼던 것이다.

우리나라 삼성이 그 마드리갈 오디오 랩의 모회사인 하만을 9조 원에 인수했다는 소식을 들었다. 평생 꿈속에서만 그리던 그 마크 레빈슨 오디오가 우리나라 기업이 되다니.
내가 80년대 그때, 이전엔 들을 수 없었던 마크 레빈슨 오디오만의 독특한 소리를 처음 들었을 때의 기분을 지금 한 어린 소녀 가수에게서 다시 느낀다. 때론 맹렬하게 쨍하고 강하면서도 메짜 창법의 섬세한 음의 입자감과 그늘이 깊고 요철이 심한 입체적인 독특한 그녀만의 노래가 음악적으로 가수로서의 직업적으로도 성공한 천재로 기록되리라 기대한다.

소녀 가수

> 산비둘기만 푸르륵 날아올라도 저 아그 넋이
> 새가 되어 다시 되돌아오는 듯 놀라지고,
> 나무들이 눈을 쓰고 서 있는 것만 보아도
> 뒤에서 금세 저 아그 모습이 뛰어나올 것만
> 싶었지야.
> 하다 보니 나는 굽이굽이 외지기만 한
> 그 산길을
> 저 아그 발자국만 따라 밟고 왔더니라.
> 내 자석아, 내 자석아,
> 너하고 둘이 온 길을 이제는 이 몹쓸
> 늙은 것 혼자서 너를 보내고 돌아가고 있구나!
>
> \- 이청준 단편 『눈길』 중에서

보따리 장사 나간 어머니는 오래도록
돌아오지 않았다.
당산나무 끝에 걸린 빈 양푼 같은
희멀건 반달이 내 배고픔으로 꼭꼭 채워져
쌀밥 같은 보름달이 되도록
어머니는 오지 않았다.

그런 날이면 어린 동생을 업고
'엄마 엄마 우리 엄마 어서 빨리 와요'
당산나무 아래서 엄마 노래를 부르며 울었다.
울다 눈물이 마르면
나무는 한 잎 두 잎 낙엽을 소리 없이 흘렸다

소녀 가수 김다현이 부르는 노래 〈천년학〉은 내 고향 출신 소설가 이청준의 단편 『선학동 나그네』를 주제로 한 영화 제목으로 임권택 감독의 영화 서편제의 후편이다. 음악, 특히 대중음악은 항구적으로 불변하는 고유명사가 아니다. 음악이란 말은 모든 사람들에게 일반적으로 통용되는 것이 아니라 그것을 공유하는 사회 속에서 언어나 문화처럼 대상에 대한 소통의 수단으로서의 의미를 갖는다.
판소리를 4살 때부터 시작한 김다현은 성인이 되기도 전에 스스로 음악의 미학적 실체를 파악하고 자신의 능력에 의미를 부여하기 전 성취의 목표를 어디에 둘 것인가를 인지했다. 노래 〈천년학〉 하나만으로도 소녀 가수는 음악이 갖는 언어, 즉 음악의 감정은 무엇이며 그 소통 방식은 무엇이어야 하는지, 그 감정의 주체는 누구이며 감정의 내용은 무엇이어야 하는지를 이미 정밀하게 알고 있다.

아메리카 인디오의 한의 뿌리

봄의 꽃잎이 눈처럼 날리는 보리밭 길을 따라 집으로 돌아가는 아이들을 바라본다. 풍경은 그것을 바라보는 사람의 독자적인 상상력의 소산으로 새로운 이미지로 재탄생한다. 우리의 과거 경험 속의 어떤 대상이 갖는 이미지와 잠재의식이 상호 작용하는 현상 그 자체의 한 과정이다. 그 옛날 저 벚나무들을 심은 누군가의 미적 목적과 지금 꽃망울을 터뜨리는 벚나무의 생물적 욕망 한 가운데서 나는 어느 먼 미래의 길목에서 추억해야 할 현재의 어떤 이미지를 저 힘없이 흩날리는 꽃잎들의 퇴색한 색깔로 기억한다.

서글프도록 아름다운 저 풍광과 교감하는 나의 언어 이전의 그것은 무엇인가? 지금 내 머릿속에 펼쳐지는 검은 하늘에 꽃잎들이 하나둘씩 별처럼 반짝여 들어가 박히는 어렴풋한 은하의 물줄기는 그리운 것과 그리운 것들의 사이를 영원히 흐른다. 다시 그 영원 속으로 어지럽게 흩날려가는 꽃잎들의 무질서는 먼 조상에 대한 나의 기억과 늦은 봄날의 현기증이 결합해 재탄생하는 자유로운 그리움의 질서 속에서 잃어버린 우리의 옛 노래를 찾는다.

유튜브에서 아메리카 원주민인 인디오가 노래를 한다. 무심히 지나가는 사람들, 둘러서서 구경하는 사람들, 동전을 던져주는 사람들에게 그는 노래하는 것이 아니라 울부짖는다. 그들은 아메리카의 주인이다. 집 안에서 손님이 되어버린 그들을 보는 것은 슬픈 일이다. 몇 세기 전에 그의 종족들에게 이런 일이 일어났다는 것이 믿기지 않는다. 그들은 백인에 대항하여 살아남기 위해 그들의 문화를 버려야만 했다. 노래를 듣는 내내 그의 고통을 느낀다.

나는 그들 아메리카 원주민들의 노래를 들으면 눈물이 난다. 노래 속에서 원주민 인디언들의 역사와 자연과 기억과 영혼이 느껴진다. 그들의 모국 안에서 이방인으로 살아가는 것이 무엇인지 이해하는 사람은 아무도 없다.
"여기는 나의 땅이다. 당신들은 이방인이다. 왜 당신들은 내가 이방인 것처럼 바라보고 있는가?"

둥둥둥 북소리가 울렸다.
심장이 함께 뛰었다.
북소리와 심장의 고동은
내 자책의 언어,

옹헤야~ 옹헤야, 어절씨구

초점을 잃어버린 인디언의 눈빛이
내 끝없는 방랑의 인생 항로를
가장 부정확한 언어로
가장 정확하게 제시해준다.

옹헤야~~~~~

인디언들의 춤은
내 역사의 부재로부터
나의 현실인 비 자아의 존재성을 모색하는
시간의 기록을 따라간다.
그들의 시간은 나의 모태적 공간 속에 정지된 것
나의 원초적 생명으로 회귀하는 시간으로 환원시키는
최초의 심장 박동 소리, 저 인디언들의 북소리

우리의 땅속 깊은 곳으로부터 울려오던 그때 태초의 소리를 듣는다. 우리의 전통 가요가 60년대 이후 물밀듯이 밀려온 발라드, 락, 힙합 등에 밀려 사라지기 직전 남도의 끝에서 한 무명 가수가 혜성처럼 나타났다. 그녀는 저 인디오처럼 울부짖듯 노래한다. 남아메리카 인디오의 익숙한 단순 리듬과 음조는 남아메리카 인디언과 우리의 관계를 언어 이전의 언어로 말해준다.

이방인

또 한 해가 간다.
나는 무엇을 더 기다려야 하는가?
기다림이란 어디론가 가기 전 먼저 오는 감정이다.
그 무엇인가가 가슴속으로 밀물처럼 밀려와
마음의 해변 가를 철석이다
썰물처럼 일순간에 빠져나간 내 마음속의 정적마저
휩쓸어 가버린 완벽한 정적,
그 정적에 갇혀 숨쉬기도 어렵다.
무엇에 쫓겨 먼 길을 돌아왔는지,
나는 정적 속에 숨어 헐떡이는 짐승처럼 숨을 참으려 해도
들리는 것은 숨소리뿐인데 꽃잎들은 떨어진다.
바람도 없는데 저희들끼리 멀어지는 봄날의 여정 안에서
나는 여전히 이방인이다.

우리 아시아에 인간의 역사가 시작된 이래
우랄 알타이어 산맥을 중심으로 드넓게 펼쳐진 대평원,
바이칼호, 아무르, 그리고 극동의 오호츠크해까지
우리와 한 뿌리를 가진 몽골인들의 터전이었다.
16세기 제정러시아는 코사크 용병을 앞세우고 동진을 시작했다.

아메리카 서부 개척 당시의 골드러쉬처럼
그들의 명분은 검은담비 가죽을 얻기 위함이었다.
몽골인들의 국경은 아무렇게나 구부러지고 휘어져
밖에서 안으로 와해되었다.
초원의 자손인 우리의 동족, 우리의 먼 조상인
알타이족, 부랴트족, 여진족, 어웽키족, 나나족, 우대족은
진짜 바람이 되어 러시안이란 이름으로 종족의 경계를 떠돈다.

유튜브에서 몽골인의 후예 러시아 나나족들을 본다.
나는 나와 그들의 그 경계 밖에서 그들의 노래를 듣는다.
북쪽에서 부는 바람과 차가운 눈에 밀리어
정신만 모질게 여문 나나족의 그 바람의 노래를 듣는다.
저 여인들의 얼굴을 보라.
검은 머리와, 낮은 코와, 작은 눈 위에도 희미한 초승달은 자라서 저들이 잃어버린 푸른 하늘에도 서러운 반달은 뜬다. 그 달빛으로 우리의, 우리네 어머니의 60년대 사진, 희미해진 어머니의 얼굴에 눈썹을 그려 넣는다.

감각적 배고픔

사람은 이성적인 동물이라고 흔히 말한다. 이성에 의해 판단하고 그 판단에 의해 행동한다. 하지만 의외로 인간은 결정적 순간엔 본능에 따르는 경우가 더 많다. 우리는 주위에서 변절한 사람들을 자주 본다. 지조를 지키게 하는 힘은 이성이고 그것을 꺾게 하는 것은 본능이다.

본능은 여러 가지가 있으나 가장 흔하고 지속적인 것은 배고픔이다. 즉, 배고픔은 정의의 가장 큰 적이라는 말이다. 젊었을 때 생명을 내어놓고 정의를 위해 싸웠던 인사들이 나이가 들면서, 지적, 사회적 생산 능력이 떨어지면서 정의롭지 못하는 부류들과 야합하는 경우를 우리는 많이 본다. 바로 배고픔 때문이다.

이 배고픔이란 단순한 생물학적인 것만은 아니다. 감각적 배고픔, 지적 배고픔, 명예 적 배고픔이 있다. 몇 년 전 사람들이 트롯에 갑자기 빠지게 된 것은 급속한 서구 문명의 홍수에 떠내려가 버린 우리의 감각을, 이제는 잊었다고, 잊혔다고 여겼던 우리의 노래를 한 무명 가수가 되찾아 주었기 때문이다.

다시 요즘 우리의 전통 가요에 위기가 왔다는 말을 가끔 듣는다.

각종 방송에서 전통 가요 프로들의 시청률이 많이 떨어졌기 때문이다. 그에 대한 각종 지표와 그것에 따른 판단과 행동은 이성적 행위다. 그러나 또 다른 기회라고 말하는 사람들도 있다. 노래가 좋아서, 어쩌면 노래를 부르는 가수의 인간이 좋아서 응원하는 행위의 본능적인 것이다.

학문이 이성에 의지하는 것이라면 예술의 본질은 본능에 봉사하는 것이다. 이성은 습관이 될 수 없다. 언제나 사고와 사유를 거쳐야 하기 때문이다. 그러나 본능은 감각적인 것으로 사고에 이르기 전에 행동으로 옮겨진다. 오늘도 모던 클래식 LP 음반들을 꺼내 종일 듣는다. 나는 아직도 감각적 배가 많이 고픈가 보다.

일상

물보다 진한 피

"Get out of here, 꺼져…."
그들과 나 사이에 여러 말이 오고 가다 마침내 한 녀석이 나의 가슴을 밀치며 소리쳤다.
상대는 백인 청년 세 명이고 덩치에서부터 나는 압도당했다.
나와 함께 있는 여자는 자신들과 시간을 보내야 하니 나는 나가라는 것이었다.
중학교 때부터 친척이 운영하던 태권도장에서 태권도를 배우기 시작해 대학 졸업 때까지 계속했으니 나름 운동으로 단련된 몸이라 생각했었지만 거친 그들 앞에선 다리부터 힘이 빠졌다.
그때 일행인 듯 보이는 인디언이 내게 다가왔다.

미국 콜로라도 스프링스에서 덴버로 가는 버스를 타고 가던 중 우린 어느 정류장에서 내렸다.
그러나 잘못 내린 것이었다.
로키산맥을 횡단하는 버스에 환승하려면 한 정거장을 더 가야 했었다.
국비 어학연수 중이었던 우리는 금요일 오후부터 일요일까지 이곳저곳 여행을 떠나곤 했다.
본래 그녀와 둘이서 떠나는 길인데 선배 한 분이 끼었다.

그리고 정류장을 착각한 선배를 따라 내린 것이었다.

목표 버스 정류장까지 도로를 따라 걸었다.
가다가 소나기를 만나고 가까스로 산맥 횡단 버스를 탔다.
한 시간쯤 산길을 오르던 버스가 중간 휴게소에 섰다.
10분간 쉰다는 것이었다.
화장실도 다녀오고 가게에서 윗도리 셔츠를 그녀와 나는 사서 갈아입었다.
소나기에 젖은 옷 때문에 산의 고도가 높아지면서 추웠던 것이다.
1달러짜리 방글라데시산 셔츠였다.
선배도 사 입으려 했으나 버스가 이내 출발했다.
눈 쌓인 봉우리들과 사슴들이 한가로이 풀을 뜯는 여름 산의 풍경을 배경으로 선배는 덜덜 떨고 있었다.

버스가 다음 쉬는 곳에 멈출 때 선배의 상태가 좋지 않았다.
온도가 내려간 차 안에서 비에 젖어있던 그의 몸은 심하게 떨고 있었다.
이틀 코스였지만 선배 때문에 중간에서 되돌아와야 했다.
로키산맥의 여름 온도는 섭씨 2~5도가 되는 곳들이 있었다.

열이 난 선배는 덴버에 여관을 잡아 선배는 혼자 쉬고, 그녀와 나는 언덕에 올라 지평선 위로 장엄하게 펼쳐지는 일몰을 감상하고 있었다.
귀에 꽂은 워크맨에선 드보르자크의 신세계 교향곡이 경이로운 풍경에 노스텔지어를 더했다.
문득 한국 고향의 가족들이 떠올랐다.
그때 그녀가 살며시 팔짱을 껴왔다.
술을 좋아했던 그녀와 나는 근처 싸구려 선술집을 찾았다.

나는 술을 마실 줄 몰라 그녀 혼자서 마셨다.
그때 현지인 네 명이 우리에게 다가와선 그녀에게 합석해도 되겠느냐, 오늘 밤 우리와 함께 보내겠느냐 물었다.
취기가 어느 정도 오른 그녀는, 영어에 조금 서툰 그녀는 예스 오케이를 연발했다.
안 되겠다 싶어 내가 일어나 그녀를 끌면서 나가자고 했던 것이다. 그때 내게 다가온 인디언이 말했다
그녀가 정말 그들과 시간을 보낼 마음이 있는지 물어달라고.
겁에 질린 그녀를 대신해서 우린 한국에서 어학연수 온 교사들이고, 지금 아픈 친구가 여관에 있어서 가봐야 한다고 했다.

인디언 청년과 그 세 명의 백인들 사이에 뭔가 큰 소리가 오고 간 후 우리를 보내 주었다.

내가 인디언 청년에게 고맙다고 인사를 하자 그가 내 귀에 대고 속삭였다, 그의 먼 조상도 아시아에서 왔다고.

눈물이 핑 돌았다.

그의 핏속에는 우리와 같은 유전자가 돌고 있었던 것이다.

짝짝이 신발

아침에 전화가 걸려 왔다, 아는 교육청 장학사였다.
다른 날보다 조금 일찍 출근 준비를 했다.
어두운 현관에서 대충 신을 신고 학교가 아닌 교육청으로 향했다. 엘리베이터 안에서 만난 아주머니와 눈인사를 하고 내려가는데, 그 아주머니가 입을 가리며 킥- 웃음을 참는 것 같았다.
주차장으로 가는 걸음이 자꾸 절뚝거리고 뭔가 불편했다.

교육청에 거의 도착할 무렵 아내에게서 전화가 왔다.
내가 아내의 신 한 짝을 바꿔 신고 갔다는 것이다.
자기도 출근해야 하니까 빨리 신 가지고 오라는 것이었다.
아, 그랬다.
엘리베이터 안에서 아주머니가 킥- 웃던 일, 걸음걸이가 불편한 것이 그래서였다. 하지만 되돌아갈 수는 없었다.
전화했던 장학사가 아직 도착하지 않아 장학사실에서 앉아 기다렸다.

소파에 앉아서 발을 물끄러미 내려다보았다.
왼발엔 아내의 단화, 오른발엔 내 키높이 단화를 신고 있었다.
아내의 신은 7~8cm, 내 것은 4~5cm 높이였으니 절뚝거렸던 것이다. 바지를 조금 내려 발등을 가려보았다.
내 구두와 아내의 것은 앞모양은 비슷했지만 뒷모양은 달랐다.
245mm도 채 안 되는 내 발, 아내의 발은 242mm다.
'저 작은 발로 남들보다 더 많이 걸어왔구나, 언제나 가장 낮은 자리에서 묵묵히 나를 참 잘 견뎌왔구나, 고맙고 미안한 발아.'

장학사가 왔다.
그날이 연 2회 있는 학부모 대표들 연수날인데 강의 담당 교수가 아침에 갑자기 펑크를 냈다.
그래서 나를 부른 것이있다.
평소에 교육장님 이하 높은 분들 중요 회의 시의 연설이나 인사말 원고를 써오던 터라 그런 일이 아닌가 했는데 6시간 땜빵 교육이라니, 교육 주제가 국제화에 따른 영어교육의 중요성에 관한 것이지만 내 맘대로 시간만 채우라는 것이었다.

강당엔 200명 정도의 학부모들이 들어왔다.
대부분 여자분들이었다.
처음엔 바지를 엉덩이까지 내려 구두를 덮고 시작했으나 강의가 계속되면서 나도 모르게 연신 바지를 치켜올렸다.

여기저기서 킥킥거리는 소리가 들렸다.
'에라 모르겠다, 기왕 버린 몸 내 맘대로 하자.'
교육 주제완 반대 방향으로 내 강의도 터진 물처럼 흘러갔다.

나는 영어 혐오자다.
영어로 밥 벌어먹고 살아왔지만 온 나라가 영어 열풍에 휩싸이는 것이 싫었다.
영어에 비해 훨씬 우수한 한글의 특성과 음악 이야기, 시 이야기, 다른 문학 이야기, 사진 영화 이야기 등 온갖 주제가 짬뽕된 나의 강의에 학부모들은 재미있어하는 것 같았다.

짝짝이 걸음으로 왔다 갔다 하는 열변의 6시간이 순식간에 지나갔다. 그리고 학부모들의 후기 반응이 좋아 한 번 더 교육청 학부모 교육을 맡았다.
그때 그 짝짝이 신발이 아니었다면, 그처럼 함부로 강의를 할 수 있었을까?
위기가 기회라는 말, 다시 한번 떠올리며 혼자 빙긋이 웃어보는 토요일 아침이다.

기차는 달린다

달리는 열차 소리는 누구의 휴대폰 전화번호와 같은 의성어로 끊임없이 내게 속삭였다. 나는 사람들을 만나고 직접 대화하는 것을 극도로 두려워한다. 특히 사람들의 말을 듣는 것이 두렵다. 그들의 일상적인 대화 주제는 늘 내가 이해할 수 없는 것들이어서 나를 고독의 늪으로 밀어 넣는다. 그 고독은 거울 속의 눈동자처럼 피하려 해도 언제나 그 자리에 있다. 그러나 달리는 열차 안에 앉아있으면 말이 없어도 내가 듣고 싶은 세상의 이야기를 듣는 것이어서 고독으로부터 해방된다. 차창을 스쳐 가는 바람 소리는 이제 나만의 소리 암호가 된 지 오래인데 자꾸만 따라오는 낮달은 내게 무엇을 더 비춰주겠다는 것인지, 디셀 기관의 박동 속으로 나의 맥박이 천천히 흘러 들어갔다.

“촬영하시면 안 됩니다, 나가세요.”
“네 알겠습니다, 그럼 밖에서 몇 장 찍어 갈게요.”
“역의 주변도 찍으면 안 됩니다, 보안상 촬영 금지입니다.”
10여 년 가까이하고 있는 간이역 연재도 이제 거의 막바지에 접어든 가을 오후 경춘선의 어느 조그만 간이역에서 역장과 내가 나눈 대화다. 젊은 역장의 정신은 두 줄기의 강철 철로처럼 단단하고 일직선이었다. 꿈과 현실을 비벼 꼬아서 만든 나의 열정은 역장의 그것에 비해 너무 나약했다.
"그래도 서울에서 일부러 열차를 타고 왔는데 몇 컷만 허락해주시면 안 될까요? 역장님"
대답 대신 그는 역무원 실 밖으로 나의 등을 조용히, 지긋이 밀어냈다.

당시 나는 철도 공사 이철 사장님으로부터 감사패를 받은 지 얼마 지나지 않은 때였다. 내가 쓴 기차여행 산문집인 '추억으로 가는 간이역'이 역마다 배치가 되고 홍보하도록 공문도 내려간 터였다. 그 외 KBS1TV, MBC TV, 등 기차여행 프로에 출연하기도 해서 기차역 종사자들은 내 얼굴을 많이들 알아보던 때였다. 기차여행을 떠나기 전에 철도 공사 홍보실에 전화를 하면 내가 가는 역에 미리 연락을 해서 모든 편의를 제공하도록 철도 공사와 사전 협의가 된 상태였다. 하지만 난 그런 방법을 한두 번만 이용했다. 역에 부담을 주는 것 같고 나 자신이 불편해서 처음에 했던 것처럼 혼자 조용히 간이역들을 다녀오곤 했던 것이다. 그래도 대부분의 간이역 역장님들은 내 이름을 밝히지 않아도 반갑게 맞아주고 각종 촬영에 협조해주었다.

할 수 없이 쫓기듯 역을 빠져나가면서 몇 컷을 도둑질하듯 찍었다. 문득 내가 무슨 죄인이 된 것 같은 비참한 기분에 철도 공사 홍보실장님에게 전화를 했다. 그리고 돌아서려는데 뒤에서 나를 부르는 소리가 들렸다. 젊은 역장이 내게 뛰어왔다.

"처음부터 말씀을 하시기 그러셨어요…, 식사는 하셨어요?"

그러면서 주전자에 물을 붓고 끓이기 시작했다. 그리고는 부동의 자세로 서서 주변 지도를 지휘봉으로 가리키며 내게 브리핑을 했다. 그럴 필요 없다고, 사진만 몇 장 찍고 가면 된다 해도 끝까지 계속했다. 내게 설명을 마치고 역장은 사진을 찍을 만한 곳들을 이곳저곳 안내하며 그 장소에 얽힌 에피소드 같은 것들을 자세히 설명해주었다.

통과 열차가 지나갔다. 그 역에서 서고 출발하는 열차가 아니기 때문에 그 열차에 대하여 역의 역무원이 할 일은 없었다. 그러나 그 젊은 역장은 사라져 가는 열차를 향해 거수경례를 올렸다. 긍지와 신념으로 곧게 뻗은 그의 팔꿈치는 미래를 향한 그리움과 설렘에 정당한 각도와 질서를 부여하였다. 그는 질서와 각도의 배열에 있어 한 번도 흐트러짐이 없었던 것이다. 그것은 그가 이 조그만 역에서 일하게 된 이래 지금까지 보여 온 한 개인의 인생 양식이자 철학이었을 것이다. 얼마 있지 않아 경춘선도 복선화가 되고 그 간이역도 사라졌다. 나는 그때 그의 과거와 미래를 함께 보고 있었는지도 모른다. 화물 열차 한 대가 잠시 전까지 섭섭했던 나의 편협한 생각 한 귀퉁이를 싣고 내일을 향해 달아나고 그만큼의 미래를 담보로 나의 머릿속은 한결 가벼워졌다.

봄의 습격

아파트 고층에 사는 것은 외딴곳에
사는 것과 같다.
버스를 타고 시내에 나가듯
엘리베이터를 타야만 밖으로 나간다.
오랜만에 나오니 딴 세상 같다.
아내가 소녀처럼 좋아하며 셔터를 누른다.

요즘 세상은 질서가 점점 없어져 간다.
봄에 꽃이 피는 순서는 정해져 있었다.
매화 진달래 개나리 앵두 살구 벚나무
복숭아 그리고 배꽃이 차례로 피고 지면
파란 나뭇잎이 나고 5월로 넘어갔다.
그렇게 우리의 봄은 유순하고 정연했다.

그러나 지금의 봄은 게릴라처럼 온다.
꽃들은 기습적으로 피고 진다.
폭발하듯 한꺼번에 꽃잎들을 터뜨리는
하늘에선 화약 냄새가 나고 흙바람 분다.
우리의 산들은 여기저기 파란 멍이 들고
상처처럼 산 벚꽃들이 군데군데 남았다.

봄은 왜 그렇게 폭력적인가?
봄은 어디까지 제 과거가 비참해야
찬란하게 오고 가는 것인가?
사람들은 봄을 견디기 위해 오늘도
집 밖으로 나오고
꽃 진 살구나무에 새가 앉아 운다.
봄의 잔당이 우리의 추억을 급습한다고.

집에 들어와 음반을 한 장 뽑는다.
비버리 실즈가 부르는
Lo, Here the Gentle Lark
저 유순한 종달새를 보라
요즘 딱 맞는 곡이다.
종달새처럼 하늘 높이 날아오르다
급강하하는 콜로라뚜라,
내 머리카락 사이에 숨은
햇빛 속에서 한 생명이 자라는 소리 들린다.

013 spring Bae Hong-bae

친절의 종류

"제가 도움을 드릴 말씀은 없습니다."
10년간 나의 심장을 관리해온 의사가 엊그제 한 말이다.
조금만 짜게 먹으면 가슴이 뛰어 의사에게 이유를 물으니
들려준 대답이다.
차가운 친절이다.

"나를 열 번 따라 하세요, ㅎ퓌어-ㄹ-어ㅁ."
미국 덴버시의 어느 필름 가게에서 카메라 필름을 살 때
거구의 흑인 점원이 발음이 서툰 나를 내려다보며 한 말이다.
위압적인 친절이다.

"저런, 이것 넣어서 끓여요."
미국 서부 어느 해안에서 조류에 떠밀려온 미역을 주워
버너에 미역국을 끓이는데, 지나가는 백인 여행객이
자기 배낭에서 소고기 통조림을 꺼내 따더니
미역국 속으로 한 통을 다 부었다.
느끼한 입맛을 달래려 시원한 미역국을 끓이고 있었는데,
과잉된 친절이다.

위의 세 가지 친절은 베푸는 입장에선 최선의 것이다.
차가움, 위압, 과잉은 받아들이는 사람의 입장이다.
타인의 말이나 행동은 그 자체로서만 인식된다.
그러나 그것의 감정의 날개가 펄럭이는 소리를 내고 듣는 이는 가족과 친구다.
그들은 서로의 숨소리로 호흡하는 한 오케스트라의 악기들이다.

겸허와 교만 사이

봄이 오면 우리 집을 둘러싸는
작은 함성
진달래 개나리보다 먼저
우우우-
기습적으로 봄을 내미는
쥐똥의 자존심
너희들이, 지난가을
떼거지로 목 떨어진
평등주의자들이었구나
아파드에시 일렬종대로
네모반듯하게 살아가는 것이
너희 평등주의자들의 상처였구나

- 시 「쥐똥나무」

내가 사는 동네, 퇴직하고 내려온 동네는 참 좋다.
대학이 4개나 빙 둘러있고,
있을 건 다 있고, 지하철, 고속도로까지 가까이 있다.
차로 서울까지 막히지 않으면 30분, 막혀도 50분 이내다.
공기 깨끗하고, 사람들 깨끗한 조용한 동네다.

아파트 엘리베이터에서 10m 거리에 등산로가 있다.
산의 높이는 50m 내외로 엎드린 순한 소처럼
길게 뻗어있는데 산길은 왕복 5km로 산책하기에 좋다.
산은 참나무, 도토리나무, 밤나무 소나무 등
아름드리나무들이 빽빽하고
그 사이엔 온갖 잡목들이 울창하여 원시림 같다.
고라니, 토끼, 다람쥐, 청설모, 꿩 등에서부터
이름을 모르는 텃새부터 철새까지
새들의 아름다운 노래가 언제나 끊이지 않는다.

같은 이름을 사용하는 옆 동네 부자 아파트 앞에도
우리보단 조금 나지막한 산이 있다.
그 산에선 전기톱 소리가 자주 들리고
숲은 언제나 깨끗하게 이발을 한 것처럼 단정하다.
커다란 나무들 아랜 잡목들도 없이 나무계단이 촘촘하다.
이상한 것은 그 동네 산엔 사람을 보기가 어렵다.
새들의 울음소리도 들리지 않는다.
우리 동네 앞산엔 늘 산책객들이 오가는데,
재미있는 것은 그들 대부분이 옆 동네 사람들이란 거다.
왜 그들은 자신들의 산에 오르지 않고 우리 산으로 올까?

사람은 사람이기 전에 동물, 자연의 한 구성원이다.
본능적으로 자연을 그리워한다.

그 아파트 관리자들은 자연을 지배하는 전기톱을 휘두른다.
반듯하게 깎인 숲과 길은 자연의 설움의 양식(樣式)이었다.
이따금 그쪽 산에도 가지만
잘린 풀과 나무가 흘리는 피의 비린내만 날 뿐
늘 새소리 하나 들리지 않고 고요했다.

오늘 점심을 먹고 모처럼 아내와 앞산에 올랐다.
가을이 오긴 했나 보다.
숲 사이 길엔 알밤들이 여기저기 떨어져 있었다.
가는 사람 오는 사람들 모두 알밤을 줍는다.
길밖엔 잡목과 잡풀이 너무 우거져 들어가지 못하고
길에서만 잠깐 주웠는데 주머니가 가득 찬다.

다시 허리를 굽혀 알밤 하나를 주웠다.
눈과 발의 높이가 같아지는 순간 나는 겸허해졌다.
나의 눈은 몸뚱이의 가장 높은 곳에서 얼마나 외롭고
교만했는가.
겸허와 교만은 내 조그만 몸뚱이의 아래와 위에 있었지만
한 번도 서로 교류를 해본 적이 없었다.
주운 알밤 몇 움큼을 다시 산에 뿌리고 내려왔다.

위태로운 버스

늦은 밤 험준한 비포장 고갯길을
버스 한 대가 넘어갔다.
내려다보면 까마득한 불명의 절벽
밤차는 자신의 한 모퉁이를 열어
모진 어둠을 받아들이고
사람들의 흔들리는 눈동자마다
암흑의 공포는 익어갔다.
눈길 위에 함부로 나뒹구는 돌멩이들과
돌부리에 걸려
차가 기웃거릴 때마다
승객 몇은 소리소리 한 곳으로 몰리고
몇은 제자리에서 고요했다.
하늘의 가장자리에 위태롭게 걸린
막차는 바람의 일부가 되어
그들의 영과 육의 접점에 고요히 머물렀다.

버스가 고갯길을 길을 무사히 내려와
마을에 도착했을 때
비명을 지르며 한 곳으로 몰렸었던 승객들은

아무렇지도 않은 듯 의자에 깊숙이 앉아
뜨거운 커피를 홀짝이는데
제자리를 굳게 지켰던 승객들은
뒤늦은 공포의 멀미로 자리에 누웠다.

차가 흔들릴 때 모두가
두려움에 소리 지르며 한곳으로 몰렸다면,
눈 부릅뜨고 제자리를 지키는 승객들이 없었다면
버스는 중심을 잃고 절벽 아래로 떨어졌을 것이다.

고양이와 수프

그는 나그네 고양이 한 마리가 자신의 수프를 홀끔홀끔 훔쳐 먹는 것을 바라보고만 있었다,
바라보고 있는 것이 아니라 내버려 두고 있었다.
한 끼 식사의 해결이 그 가엾은 동물에겐 가장 중요한 일이었다.

부모가 이혼한 후 아버지에게서 양육되다 아버지로부터도 버림받은 그는 생존을 위해 무엇이든 해야 했다.
그때 손에 잡은 것이 기타였고 지금까지 거리의 가수로 살고 있지만 먹고 살기에도 힘들었고, 고양이도 그만큼 말라 있었다.

고양이는 식사 때가 되면 다시 찾아오고, 그러다 둘은 버려진 창고에서 함께 지냈다.
거리에서 그는 노래하고, 고양이는 그의 동전함 옆에 앉아있었다.
지나가는 사람들의 발길이 하나둘 그들 앞에 멈춰 섰고, 연주가 끝나면 동전함은 가득 찼다.

미국의 어느 유명한 가수의 이야기다.
그의 성공은 고양이가 가져온 것이었다.
고양이의 한 끼 식사가 그에게 평생의 식사를 가져다준 것이다.

대추나무 사랑

고2 때 집안 사정으로 살던 고향을 떠나 이사를 했다.
옛집엔 대추나무가 한 그루 있었다.
내 발목만 한 대추나무는, 키가 작은 나무는 해마다 가지가 찢어지도록 굵은 대추가 다닥다닥 열렸다.
아버지는 언제나 대추나무에 소를 맸다.
소는 대추나무를 등으로 비벼대고 뿔로 받았다.
나무의 줄기는 여기저기가 벗겨지고 성할 날이 없었지만 어디에도 우리 집 대추나무만큼 알이 굵고 많이 열리는 것은 보지 못했다.

몇 년이 지나 옛집에 가 보았다.
할아버지가 심은 그 대추나무는 나무로선 아직 어린 나이지만 할아버지보다 더 늙어 보이고, 몇 개의 대추알을 힘없이 매달고 있었다.
면사무소에 다니는 새로운 주인은 대추나무 밑에 화단을 만들어 예쁜 꽃들이 피어있었다.
다시 몇 년 후에 가 보니 대추나무가 보이지 않았다.
아무런 이유 없이 꽃도 잎도 피우지 않고 말라 죽었다고 했다.

대추나무는 사랑을 잃어버린 것이었다.

대추알이 익기도 전에 날마다 일곱 아이들이 가지를 잡아채고 소가 비벼댔다. 이런 것들이 나무에겐 사랑이었다.
오늘 아침 TV에서 다둥이 가족들이 소개되었다.
아이들이 9명인 가족도 있었다.
생방송 중에도 아이들은 가만있지 않았다.
다둥이 부모들은 건강하고 힘차 보였다.

가끔 나와 논쟁을 벌이다 논리가 딸리면 아내는 삐진다.
나는 밖에선 냉하지만 집에선 짓궂고 장난을 잘 친다.
그럴 땐 아내는 고향집 대추나무처럼 싱싱했나.
그러나 원고 마감일이 밀려 며칠 혹은 몇 주를 내 방에 앉아있으면 아내는 생기를 잃고 여기저기 아프다고 한다.
며칠 전 어떤 일로 말이 없어진 아내가 오늘 와인 한잔으로 대화를 해왔다.
비제의 교향곡 C장조, 제2악장 사랑스러운 아다지오를 와이프에게 들려준다.

두 선장 이야기 Captain Phillips

미국의 거대 화물선 앨라배마호가 소말리아 해역에서 해적들에 의해 납치되었다가 구조된 실화를 바탕으로 한 영화다. 톰 행크스가 선장 역을 맡은 이 영화 역시 미국 영화 특유의 미국 우월주의에서 벗어나진 못한다. 그럼에도 불구하고 화물선의 선장과 해적선 선장의 말과 행동이 주는 영화 외적인 의미가 있다.

수만 톤에 이르는 화물선이 조그만 보트에 의해 피랍되는 과정은 영화에서 보여주는 내적 심리적 묘사 밖의 외적인 조건으로선 이해가 되지 않는다. 여기에서 선장의 외부 경계가 얼마나 중요한 일인지 생각하게 한다. 이 부분은 영화엔 묘사되지 않았지만 뉴욕 포스트지에 실린 당시 승무원들의 인터뷰에서 알 수 있다. 처음엔 여러 어려운 상황에 처하지만 선장의 침착함과 순발력으로 인해 결국은 미 해군의 도움으로 선장과 승무원들은 구조가 되는 스토리인데 영화 마지막 장면의 두 선장이 보여주는 모습이 대조적이어서 인상 깊게 남는다.

필립스 선장은 구조가 되어 치료받던 중 서럽게 운다. 그 울음은 죽음의 두려움에서 벗어났다는 지극히 사적이고 이기적인 눈물로 보인다. 하지만 소말리아 해적 두목은 발에 쇠고랑을 찬 채 절망의 상황에서 또랑또랑한 목소리로 자신의 부하들은 어찌 되었는지 묻는다. 필립스 선장은 구조되고 해적들은 모두 사살되어 모든 것은 끝났다는 말에 그는 고개를 푹 숙인다. 이 장면에서 필립스의 안도의 울음과 대비되는 친구들의 안위에 대한 걱정, 즉 이타적인 그의 내면을 엿볼 수가 있다. 그리고 해적 두목의 말 '해적질 말고 미국식으로 돈 벌 수 있는 기회가 없다'에서 본래 어부들이었던 해적들의 삶의 터전을 누가 빼앗아 갔는지를 암시해주는 대목이 인상 깊다. 미국을 비롯한 선진국들의 원양어선들이 그들의 어장을 황폐화 시킨 것을 영화는 말해준다.

이 영화 밖의 필립스 선장의 참모습에 대하여 잠깐 알아본다. 다음 글은 미국의 뉴욕 포스트 지에 실린 당시 앨라배마호의 승무원들의 말을 옮겨본다.

"사람들이 필립스 선장을 영웅화시키는 것을 보니 구역질이 난다. 정말 불쾌하고 화가 치민다."

"두 번의 해적 공격을 18시간 넘도록 받았지만 영화엔 한 번만 나온다."

"승무원들은 해적과 선장 누구를 더 두려워해야 할지 몰랐다."

"쏠 테면 나를 쏴라." 하고 영화에선 필립스 선장이 해적들에게 소리치지만, 여러 승무원에 의하면 그렇지 않고, 해적들이 협상을 어기고 자신들의 동료 해적들을 부축하며 선장을 떠밀어 구명보트에 태웠다는 것이다."

단체 수장의 역할이 얼마나 중요한지를 잘 보여주는 영화다.

미제 빤스 영감님

오늘은 60세 이상 코로나19 예방접종이 시작되는 날이다.
10시에 예약이 되어있어 병원을 찾았다.
첫날이어서 그런지 난리도 아니다.
병원 밖까지 줄을 서 있는데 바로 앞에 깡마르고 키가 큰 영감님 한 분이 서 있다.
만화 둘리에 나오는 고길동처럼 생긴 낯익은 뒷모습이다.
동네 탁구장 미제 빤스 영감님이다.
코로나로 인해 탁구를 못한 지 2년이 넘었지만 반가운 마음은 여전하다.

미제 빤스 영감님, 그분이 그렇게 불리는 연유가 재미있다.
그분은 오전 타임이 끝날 때쯤 늘 혼자 나와서
탈의실에서 한 시간쯤 옷을 갈아입는다.
빨간 빤스에 허리 복대, 머리 밴드, 손목 밴드 그리고 운동화를 갈이 신고는 준비 체조를 한다.

어느 날 성미 급한 요구르트 아주머니가 외쳤다.
"영감님, 거 맨 날 빨간 빤스 입고 탈의실 독차지하기가요? "
"이거 미제 빤스인데, 이게 얼마나 좋은 건지 알랑가 몰러?"

영감님이 대꾸했다.

그때 고양이 같은 미장원 아줌마가 입을 뾰족하게 내밀며 궁시렁거렸다.

"그깟 미제 빤스, 나는 열 개도 더 있는데, 젊은 사람도 아닌 분이 뭘 보여주겠다는 빤스야"

그러자 미제 빤쓰 영감님이 혼잣말로 뭐라 한다.

"요즘 노인 학대죄라는 게 있다던데…?"

순간 탁구장 안은 조용해졌다.

그 후 그분은 미제 빤쓰 영감님으로 통했고, 더 이상 그분의 탈의실 사용에 대하여 아무도 언급하지 않았다.

이제 코로나 백신도 맞았으니 탁구를 다시 시작해야겠다.

미제 빤스 영감님과 난타를 치면 쉼 없이 친다.

오로지 손목만 돌려가며 치는데 절벽이다.

어떤 볼도 실수 없어 되돌아 와 나 혼자 드라이브를 걸다 지친다.

바보 목사

사람들이 웅성거렸다.

크리스마스이브를 몇 밤 남겨놓은 눈보라 치던 밤 하얗게 쌓인 눈 더미를 주위로 사람들이 모여들었다.

누군가 손으로 눈 속을 헤집자 웅크리고 쓰러진 한 사내가 드러났다.

어둔 길이 그의 몸뚱이 안으로 흘러들어와 사람과 땅이 단단하게 하나가 되어있었다.

119차가 달려오는 시간은 나약한 인간의 소망 안에서 불필요하게 소모되는 자연 윤리의 에너지 소모량일 뿐이었다.

동생은 목사였다.

고등학교 졸업 후 공무원으로 근무하다 70년대 유신정권 하에서 자진 사직을 하고 문방구 일을 하며 결혼하고 신학대학을 나와 서울에서 부목사를 시작으로 목회자의 길을 갔다.

나는 교사로 동생은 목사로 서로 생각이 통할 법도 했지만 우리는 전혀 달랐다.

동생도 문학을 좋아하고 시를 썼지만 그는 참여문학, 나는 순수문학파였다.

우리가 쓰는 팬은 서로의 종이에까지 끼어들었지만 지극히 일부만을 찾아낸 우리의 종이는 서로에게 쓸모없는 휴지에 불과했던 것이다.

멀리 떨어져 살진 않았으나 만나면 늘 논쟁으로 인해 우린 점점 만나는 일이 뜸해졌다.
동생은 나의 현실 도피 문학을 비판했고, 신을 믿지 않는 내 영혼을 가엾어 했다.
그리고 나는 그의 신에 대하여 무례했다.
하지만 동생이 가엾어 이따금 불러내 고기를 사 먹이곤 했다.

찢어지게 가난한 그는 끝까지 집 한 채 제 이름으로 등록하지 못했다.
개척교회를 세운 지 얼마 되지 않아 중풍으로 불편한 몸이 된 그는 돈이 생기면 먼저 가난한 사람들에게 나누어주고 자신은 언제나 더 가난했다.
그날도 자기보다 덜 불행한 사람들을 위해 성치 않은 다리를 절름거리며 심방을 다녀오다 쓰러진 것이다.

그렇게 병원에서 식물인간으로 11개월을 누워있다 10년 전 11월에 평온하게 그의 천국으로 갔다.

온몸이 굳은 채로 얼굴의 몇 개 근육만 사르르 떠는 것이 전부인 동생은 내가

“네가 믿는 너의 신이 원망스럽다.”

말하면 입을 크게 벌리고 눈물도 없이, 소리도 없이 울었다.

곁에 서 있는 제수씨가 동생은 며칠이고 아무런 표정도 없는데 형인 내가 가면 그렇게 운다고 했다.

나는 알았다, 동생은 우는 게 아니라 여전히 형과 논쟁을 계속하고 있다는 것을.

2014.3. Bae Hongbae

어느 교장 선생님 이야기

본의와는 다르게 어느 큰 학교로 전보가 되었다.
그곳은 교과 활동은 물론 특별활동에서도 굴지의 학교였다.
특별히 승진에 관심이 있는 교사들 외엔 기피 학교이기도 했다.
교육활동 결과에서 선두를 유지한다는 것은 그만큼 근무조건이 힘들다는 것을 의미한다.

교장 선생님은 교육장 출신의 엘리트 교육자였다.
부임 첫날부터 바짝 긴장했다.
생각과는 달리 교장 선생님은 말수가 극히 적고 온화했다.
시간이 지나면서 때론 무능해 보이기도 했다.
아침 직원 조회 시간, 교감 선생님의 말씀이 끝나면 하는 말이
“저는 할 말이 없습니다. 오늘도 즐겁게… 이상입니다.”
뿐이었다.
그래서 이상 교장이란 별명을 갖고 있었다.

들었던 소문과는 다르게 선생님들은 늘 신이 난 표정이었다.
학생들도 선생님들도 누가 시키지 않아도 적극적이었다.
그러던 어느 날 아침, 육상선수를 지도하던 체육 교사와 지나가던 학부모 간에 큰 소리로 싸우는 것을 보았다.

체육 교사가 학생에게 폭언을 했다는 것이다.
그 학부모는 교장실로 뛰어가 소리소리 항의했다.
교장 선생님은 묵묵부답 가만히 듣고만 있었다.
그리곤
'죄송합니다' 한마디가 교장 선생님의 유일한 대답이었다.
그 체육 교사에게도, 직원 조회 시간에도 그 사건에 대해서 교장 선생님은 아무런 말이 없었다.

또 한 번 더 큰 일이 일어났다.
육상부 아이들끼리 장난을 하다 여자아이가 배꼽 부근에 런닝화 스파이크에 찍혀 상처를 입었다.
학부모는 거액의 위자료를 체육 교사와 학교에 요구를 했고, 학교에선 치료 외에 별 대응이 없자 청와대에 직접 진정을 했다.
청와대 지시로 교육부 조사가 나오는 날 아침, 긴급 직원 조회 때 교장 선생님의 말씀은 여느 때와 같이 짧은 몇 마디뿐이었다.
"모든 책임은 저 교장에게 있습니다.
옷을 벗더라도 제가 벗겠습니다.
체육 선생님은 물론 모든 선생님은 평소와 같이 수업에 임해주시길 바랍니다."

그날 조사 결과는 학부모의 터무니없는 요구로 결론이 났고, 나는 왜 그 학교가 그처럼 모든 교육활동에서 앞서가는지 깨닫게 되었다.
바로 자율성, 자율적 분위기였다.

어느 날은 교장 선생님이 직접 내 연구실인 어학실로 왔다.
"선생님, 이 일은 선생님만 할 수 있겠지요?
아무나 할 수 없겠지요?"
넌지시 내게 어떤 중요한 학교 일을 해줄 것을 제안했다.
나는 그 일이 무척 어려운 것이었으나 너무나 즐거웠고, 피곤한 줄도 모르고 해 냈다.
그리고 그 결과도 좋았다.
나밖엔 할 수 없다는 교장 선생님의 기분 좋은 거짓말에 나는 즐겁게 일을 해 냈던 것이다.

비보호

웃음 읽기

눈빛이 상대를 읽는 것이라면 웃음은 상대에게 읽히는 것이다.
눈빛이 상대의 것을 뺏는 것이라면 웃음은 내 것을 주는 것이다.
눈빛이 상대를 조종하는 것이라면 웃음은 나를 조종하게 하는 것이다.
눈빛이 이성적인 것이라면 웃음은 감성적인 것이다
옛날부터 웃음으로 사람의 성격을 파악하기도 했다.
웃음에 대한 연구를 보면 수십 가지의 웃음이 있다.

웃음으로 성공한 사람이 있다.
잘생기진 않았지만 성공한 우리나라 남자 유명 배우가 있다.
그는 웃을 때 이를 드러내고 웃는다.
그가 웃을 때 그의 얼굴은 온통 하얀 이빨이다.
이는 몸의 내부에 있는 것이어서 밖으로 내보이는 것은
자신의 내면을 드러내 보이는 것이다.
그의 연기는 웃음처럼 솔직하다.
그래서 사람들은 그 앞에서 안심한다.
사회생활에서 상대에게 편안한 마음을 갖게 하는 것은 큰 힘이다.
그것이 우리나라에서 가장 예쁜 연인을 갖게 했다.

어느 유명 여가수가 방송국 카메라 앞에서
"히히히힝, 잇히히이힝, 히히히히…."
격의 없는 유아기적 웃음을 연발했다.
그리고 사람들이 아기처럼 따라 웃었다.
유명인이라면 신비하게 웃는 법을 익혔을 만도 한데 그녀는 그냥 웃는다.
그녀의 웃음은 겉과 속의 색깔이 같다.
슬프도록 아름다운 뻐꾸기의 울음 속이 얼마나 무서운 붉은 색인지 안다.
그녀의 아기 같은 웃음을 들으며, 마른 육체의 바스락거리는 웃음으로 낡아버린 사람들은 유아기로 회귀하는 찰나적 싱싱함의 음표를 생의 마지막 악보에 그려 넣고 있는 것이다.

첫눈

"~!@#$%^&* .,#@$! %~ ^ *&"
하늘을 향에 소릴 쳤지만 대답이 없다.
얇고 차갑게 쌓인 눈밭 잘린 배추 그루터기들 위로
눈가루만 소리 없이 뿌려지고 있었다.

오늘은 김장하는 날, 아침 일찍 일어나
배추밭에 나왔다.
퇴직하고 텃밭 30평을 얻어
처음 키운 배추들을 누군가 몽땅 훔쳐 갔다.
아내의 속살 같은 보드라운 흙을 뚫고 눈을 내밀던,
내 새끼들 같던 배추들이 사라졌다.

허공중을 향해 소리소리 물었다.
그때 휴대폰 벨이 울렸다.
"선상, 배추 가져가.
어젯밤 배추들을 뽑아 창고에 넣어 두었어.
눈 맞으면 배추 버리는 거여…."

부드러운 눈송이 같은
텃밭 주인 할머니의 목소리가 하늘에서 내렸다.

코끼리 이야기

TV를 보는데 아프리카 초원에 사람들이 많이 모여 있는 장면이 있었다.
푹 꺼진 물웅덩이에 코끼리 한 마리가 빠졌다.
웅덩이가 깊어 코끼리 스스로는 나오기 어려워 보였다
사람들이 코끼리를 구하기 위해 제각각 분주했다.
나뭇가지를 내미는 사람, 밧줄을 던지는 사람들 사이 헛되이 소리치는 사람도 있었다. 그리고는 몇 시간이 흘렀다.
마침내 포크레인과 길고 굵은 밧줄이 왔다.
하지만 모든 것이 소용없었다.
코끼리의 몸뚱이가 거의 잠기고 머리만 물 위로 보였다.
태양이 지표 아래로 내려가고 노을이 웅덩이를 붉게 물들였다.
코끼리의 커다란 눈에서 눈물이 흘렀다.

그 모습을 바라보는 나는 이상한 생각이 들었다.
사람들이 내미는 도움의 손길을 코끼리가 거절하는 것 같았다.
문득 코끼리가 자살하려고 깊은 웅덩이에 스스로 뛰어든 것인지도 모른다는 생각이 들었다.
침묵의 햇덩어리가 내 얄팍한 상식의 지평선과 합쳐지는 터무니없는 순간, 그때였다.

한 꼬마 아이가 코끼리에게 뭐라고 소리를 치기 시작했다.
코끼리가 벌떡 물속에서 일어섰다.
코를 높이 치켜들고 무서운 소리를 내질렀다.
그리고는 몇 번의 시도 끝에 웅덩이를 박차고 뛰어나와
그 아이를 쫓아가는 것이었다.
동물이나 사람이나 죽음보다 견디지 못하는 것이 자존심의 상처다.
난 아프리카 언어를 모르지만 꼬마가 이렇게 소리치지 않았을까?
"야, 멍청아, 세상에서 제일 못생긴 이 뚱보년아."

포도

페르시아인, 아랍인, 터키인, 그리스인 네 사람이 함께 여행을 하고 있었다.
먼 여행으로 지치고 배가 고픈 그들은 한 마을에 들렀다.
그들에겐 남은 것이라곤 동전 하나가 전부였다.
한 가지 음식밖에 살 수 없는 돈이었다.
그들은 먹고 싶은 것에 대하여 각자 다른 말들을 했다.
페르시아 인은 angur, 아랍인은 inab, 터키인은 uzurn 그리스인 statili을 사 먹자고 외쳤다.

언어학자가 지나가다 그들의 이야기를 듣고는 자기에게 그 동전을 주면 그들에게 먹고 싶은 것을 모두 사다 주겠다고 했다.
그들은 첨엔 주저하였지만 결국 그 언어학자에게 마지막 남은 동전을 주었다.
그는 네 송이가 달린 포도 가지 하나를 가지고 돌아왔다.
그들 모두에게 각각 포도 한 송이씩을 주었다.
포도(grapes)는 페르시아어로 angur, 아랍어로 inab, 터키어로 uzum, 그리스어로는 statili였다.
그들이 먹고 싶은 것은 하나였지만 그것을 표현하는 말은 각각 달랐던 것이다.

신의 언어는 듣는 사람에 따라 다를 수 있지만 한 가지 언어다.
한 국가의 한 사회의, 한 가정의 수장은 그 구성원의 모든 언어를 알아듣는 언어학자가 되어야 한다.
세종대왕이 우리 역사상 최고의 성군이 될 수 있었던 것도 자신이 언어학자였기 때문이다.

요즘 코로나19로 인해 국가적으로 사회적으로 개인적으로도 혼란스럽다. 이럴 때 흔히 고개를 드는 것이 음모론이다.
심리적으로 사람은 자기의 가설에 부합하는 사실만 받아들이고 다른 것은 내치려는 경향이 있다.
이를 긍정적 피드백 현상이라고 한다.
우리 가까이에서도 어떤 바람직하지 못한 현상의 원인을 자신과 다른 생각을 가진 사람들의 탓으로 돌리면서 심리적 혼란으로부터 쉽게 빠져나오려는 일들을 본다.
여기에 동조자들이 호응함으로써 확대되는데 이는 자칫 무지의 열정이 범람해 그 집단을 최저의 하향 평균화에 이르게 하여 생산성을 급격하게 떨어뜨리는 결과를 초래한다.
사람들은 각자 대양 속의 한 방울 물이 아니다.
오늘을 살아가는 우리는 한 사람 한 사람 한 방울 속의 대양이다.

정신적 콜레스테롤

옛날 미국 어느 대학에서 잠시 공부할 때 월드뮤직 수집가이면서 클래식 애호가인 전직 외교관과 알고 지낸 일이 있었다.
그 집에는 갖가지 음반과 테이프가 쌓여 있었지만 오디오는 테이프데크 튜너 앰프가 한 케이스에 들어 있는 일본 빅터 콘솔형 전축 한 대뿐이었다.

나는 어려서부터 늘 병약하고 빼빼했지만 40대 초부터 고지혈증이 생겼다.
30대까진 소화가 되지 않아 육고기는 전혀 먹지를 못했는데도 고지혈증이라니….
오랫동안 다니던 병원 의사가 말했다.
나처럼 위장이 가난한 사람들은 비상시를 위해 미리 간에서 탄수화물을 콜레스테롤로 만들어 비축한다는 것이었다.

그렇다, 옛날 우리가 못살던 때에는 모든 물건이 소중했고 그 물건이 세상에서 가장 완벽하기를 바랐다.
비싼 기기는 헐한 욕망을 지켜주는 안전한 금고였던 것이다.
카메라를 사면 장롱 깊숙이 넣어두었고 오디오를 사면 그 앞에 귀를 세우고 앉아 조금의 이상한 소리에도 가슴 철렁했다.

내겐 그것이 전부였고 고장이라도 나면 다시 구입할 여력이 없었기 때문이었다.

그러나 언젠가부터 중국산 오디오기기가 나오고, 그 성능도 점점 좋아지면서 오디오에 대한 강박관념은 점점 사라졌다.
예전 기기들과 비교해 상대적으로 값이 너무나 싼 중국산 기기들은 소리에 대한 신비감과 경외의 장막 속에서 나와 우리를 진정 음악이 들리는 세계로 이끌고 있다.

나 역시 옛날엔 각종 고급기기는 물론 케이블도 당시로선 고급형들만 썼다. 그러나 지금은 10개의 스피커마다 LG의 m당 1~3천 원짜리를 모두 사용하면서 수도관 굵기 스피커 선들은 창고로 갔다. 비교 실험 결과 차이를 거의 느끼지 못하기 때문이다.
옛날엔 분명 차이를 느꼈다,
차이가 있다고 생각했다. 차이가 있다고 생각하니 다시 차이를 느꼈는지 모른다.

선을 바꾸고, 같은 선이라도 선을 공중에 띄우거나 받치는 물질에 따라 소리가 좋아지거나 잡음이 덜 들린다고 말하는 오디오

쟁이들이 많다.
나의 오디오 랙 뒤에 얽힌 선들을 보면 컴퓨터 회사에 다니는 아들도 머리가 아프다고 한다.
앰프가 대여섯 대, 스피커가 열 대 그에 따른 소스기기들과 포노 앰프 몇 대, 턴테이블들… 각각의 선들을 가닥가닥 플라스틱 밴드로 한데 묶었다.
필요한 기기들엔 차페트랜스를 사용하고 포노부분의 MC 승압 트랜스 관련 선들은 전기장을 피해 설치하고, 나머지 튜너, cd와 각종 선들은 군데군데 한데 묶었다.
물론 험을 유발하는 그라운드 루프, AC 극성, 그리고 기기에 따른 전원 스위치 꼽는 순서 등은 철저히 확인해서인지 진공관 6L6 모노 모노 파워에 물린 알텍 A7의 혼과 우퍼에 귀를 바짝 들이대도 전원이 켜있는지 아닌지 구별하기 어렵다.

그때 미국의 그 친구가 자국의 매킨토시 마란츠 등 고급기기에 관심이 없었던 것은 풍족한 사람들의 여유 있는 심리였을까?
하나의 기기에 매달릴 필요 없이 언제라도 버리고 구입할 수 있는 소비재로 여겨지기 때문이었는지도 모른다.
음악과 음악을 들을 수 있는 시간은 일상의 소비재가 아니다.

가까이하면 결코 우리를 배반하지 않는 음악에 너무 소홀하지 않은지, 음악이 오디오에 봉사하기를 강요당하지는 않는지 생각해본다. 오랜 오디오의 길을 돌아와 오늘도 오래된 음반 한 장을 꺼내 턴테이블에 올리며 흥분되는 기분을 즐긴다.

빗방울

하늘에서 빗방울이 우두둑 쏟아진다.
누군가는 비를 하늘의 눈물이라 한다.
우리의 삶과 웃음과 눈물과 열정 같은
것들을 사람들은 하늘과 관련짓는다.

빗방울 하나는 여러 이야기를 들려준다.
우리가 들어본 적이 없는 것들을
전혀 낯설지 않은 언어로 설명해준다.
우리는 이미 낯설기 때문이다.

그러나 오늘은,
연잎을 때리는 빗방울의 임팩트를
설명할 수가 없다, 다만
나의 삶에서 한순간이 나를 이해한다.
이 여린 연잎의 소리는
모여 노래가 된다.
노래는 세상의 무엇을 어떻게
바라보아야 할지를 가르쳐 준다.

사람들의 복잡한 마음을 이처럼
다른 언어로 설명해주는 것이
없다는 것에
나는 문득 외로움을 느낀다.
이 빗방울의 노래는 말하지 않아도
모든 것을 포함한다.
그래서 물가에 나와
떨어지는 빗소리를 들으면 다시 외롭지 않은 것이다.

소소한 산책

내가 사는 아파트는 문을 열면 앞산이다.
요즘은 아침마다 뻐꾸기가 잠을 깨운다.
산의 정상과 우리 집의 높이가 비슷해서
새와 나는 자신들 만의 세상의 창으로
서로의 풍경 속을 들여다본다.

이질적인 풍경의 차이에서 오는 괴리감은
서로의 영혼을 아름답게 타락시키는 것,
우리에겐 너무나도 익숙한 우울이다.
그래, 울어라 우울한 새여,
오늘은 너의
울음 속을 보고 말 것이니
데려가 다오
나의 불안한 평온을 너의 단단한 설움 안으로.

코로나19

상당 기간 앓아누워 있었다.
세상은 시끌벅적한데
나만 혼자 고요했다.
세계가 코로나19 종식 선언을 하고
우리나라에서도 5월 11일
3년 4개월의 코로나가 종식되던 날
나는 한참 코로나로 끙끙 앓았다.
지금도 후유증이 심하다.

5월 8일 코로나 확진 판정을 받던 날
병원엔 코로나 환자들이 몇 있었다.
정말 코로나는 사라져 갔는지,
불확실한 것에서 더 나아가면
모든 것에 대하여 내가 알고 있었던
것들은 사라진다.
확실한 것은 나의 평생의 숙명대로
이번에도 막차를 탔다는 것뿐이다.

누워서 창밖을 바라본다.

하늘을 나는 새들의 날갯짓도,
따뜻한 봄볕에 축 늘어진
분재의 무화과 잎사귀도 음악이다.
힘찬 날갯짓도 힘없이 늘어짐도
그 자체로서의 자연의 리듬이다.

조지 거슈윈의 피아노 협주곡 F 장조
LP 음반을 꺼내 턴테이블에 올린다.
오토폰 MC30 super 바늘이 내 어깨처럼
고요하게 내려진다.
마지막 악장의 알레그로 아지타토가
떠들썩하게 시작한다.
이 재즈풍의 주제는 첫 악장의 두 번째
주제에서 잠깐 나타났었다.
그래,
마지막을 매우 정열적인 코다로 마감하는
거쉰의 새로운 기법처럼 기운을 차려야겠다.

2015 Summer by Bae Hong-bae

입 앙다물고

오늘은 위내시경 하는 날
오랜만에 아파트에서 내려왔다.
봄꽃들은 다 지고 집 앞,
수줍은 처녀 같은 모과꽃 하나
눈물처럼 뚝 떨어졌다.

아 너무 늦게 왔구나,
내가 너무 늦게 봤구나.
마지막 보려고 퍼렇게 멍들도록
입 앙다물고 기다리고 있었구나

병원의 찬 침대에 모로 누워
하얀 입 앙다물고 눈을 감고
모과꽃은 떠오르고
몸뚱이는 나무처럼 단단해져
뱃속에선 분홍 꽃 피어나고
숟가락 지나간 자국에서
서러운 꽃잎은 다시 날렸다.
〈

돌아오는 길에 부음 톡이 왔다.
누군가 또 봄꽃을 따라갔다.
문득 생각나는 노래가 있어
집에 오자 음반 하나를 꺼낸다.
작자 미상의
'내 사랑은 장미처럼'

스페인 안달루시안의 옛 노래다.

13세기에서 16세기 스페인 노래들은 다양성과 풍부함, 시적 특성 그리고 예술과 세속적 요소들이 절묘하게 결합된 형식으로 이어져 왔다.
이러한 노래들은 문화와 종교의 다양성을 반영하고 있다.
이는 스페인이 거의 800년 동안 무슬림, 베르베르인, 무어인들의 지배를 받았기 때문이다.

안달루시아, 세빌리아, 코르도바와 그라나다에 그들의 칼리프 왕국을 세운 지배자들은 후에 아라곤의 페르디난드와 카스틸의 이사벨라 같은 카톨릭 왕들이 이끈 기독교 세력들에 의해 물러갔지만,

스페인에 독립된 왕국들과 지역 문화 그리고 자신들만의 언어와 방언 및 고유한 전통으로 각각 짜인 문화와 문명을 남겨 놓았다.

노래는 악기로 반주하는 작자 미상의 세파르딕 송(유대인의 노래) 중

Como la rosa en la guerta

'내 사랑은 장미처럼'이다.

이 지방의 오래된 전통을 엿볼 수 있다.

보다 서정적이며 슬픈 노래는 흘러가는 세월과 정원의 장미꽃 같은 처녀들의 죽음을 애도하는 내용이다.

소똥 냄새

청수리 들판 청보리밭 풀 비린 내음에
섞여오는 가난한 우리네 어머니의 눈물이
배고픈 우리들의 가슴속에서
짭짤하게 흐르던 5월도 아니었다.
보름달이 뜨면 문둥이가 보리밭에 숨어
피울음을 울던 서러운 6월도 아니었다.
이름을 알 수 없는 이국종 풀들이 덮고 있는 들판을
소 혀처럼 붉은 해가 핥고 지나간 자국을 따라
오늘과 미래의 소똥 냄새가 밀려왔다.
잃어버렸다.
냇가 미루나무 그늘 아래 꼴망태 아무렇게나 던져 놓고
무딘 낫으로 풋보리를 한 움큼 베어와
엉성한 돌무더기 위에 올려 불에 구워 비벼 먹던
오뉴월의 들판은 어디나 등을 대고 누워도
어머니 품속 같은 고향,
우리의 고향을 잃어버렸다.
아직은 완고하게 간직하고 있는 어머니의 마음 속
텃밭에 하늬바람 샛바람 일어도 소의 똥 냄새가 엄습한다.

개들의 힘

Deliver my life from the sword,
my precious life
from the power of the dogs.
저의 생명을 칼에서 구해주시고,
저의 소중한 영혼을
개들의 힘으로부터 구하소서.

미국의 소설가 토마스 새비즈의 67년 소설의 한 문장이다.
성서 시편에 있는 한 구절이라 한다.
기독교에선 사람은 원죄를 가지고 태어난다고 한다.
작가는 원죄를 욕망 시기 질투로 본다.

형 필과 동생 조지는 아버지로부터 커다란 목장을 물려받아 함께 운영한다.
동생은 형에 비해 신체적 조건과 능력이 부족하지만 연민과 사랑을 실천하고, 형은 타고난 건장한 몸과 외모에 실력과 교양까지 겸비했지만 욕망과 시기 질투의 세상을 살아간다.

동생 조지가 의사 미망인 로즈와 결혼하자 지적이며 교양 있고 아름다운 그녀를 교묘하게 괴롭힌다.
그녀의 능력을 자신의 우월한 능력으로 짓누르고, 심한 스트레스를 이기지 못하고 알콜에 의존하는 비참한 로즈를 바라보며 필은 야릇한 쾌감을 느낀다.

이를 곁에 바라보는 로즈 전 남편의 아들 피터는 의과대학에서 외과를 전공하는 대학생으로 의사가 살아있는 생명체를 해부하듯 차가운 지성으로 엄마의 복수를 계획한다.

여자처럼 예쁜 미소년인 피터는 동성애자 필에게 접근하여 마침내 그에게 탄저균에 감염되게 하고 필은 몸부림치며 죽는다.
그리고 어머니 로즈와 새아버지 조지는 행복한 일상을 되찾는다.

사람이 사는 세상은 저 높은 곳이든 낮은 곳이든 시기와 질투는 어떤 이들의 힘이다.
사람들은 나이가 들면 그 힘과 맞설 자신의 힘이 없어져 간다.
과거에 가졌던 감정을 기억하는 것만으로 안전함을 느끼는 외로운 삶을 살아가려 한다.

개집에 들어간 교장 선생님

장엄하고 슬프게 음악은 흘러나오고, 흐느끼듯 재학생 대표의 송사는 이어지고 교장 선생님은 손수건으로 눈물을 닦았다.
선생님들도, 학생들도, 학부모들도 여기저기 훌쩍거렸다.
모두에게 존경받는 인자한 교장 선생님의 정년 퇴임식은 그렇게 흘러가고 있었다.

나의 카메라 준망원 80mmf1. 8렌즈도 슬픔을 아는지 커다란 눈망울이 자꾸 부옇게 흐려지고 나는 연신 닦아냈다.
하지만 나는 다른 것에 신경이 쓰였다.
강당 스피커에서 흘러나오는 쇼팽의 피아노 소나타 2번 B플랫 단조 3악장 장송행진곡이었다.
정년 퇴임식에 장송행진곡이라니…

강당 무대 뒤에 있는 방송실로 갔다.
두꺼운 까만 뿔테 안경을 쓴 지적인 얼굴의 남자 선생님이 나를 쳐다보았다.
나는 순간 멈칫하다가 발길을 돌렸다.
모두들 감상적인 분위기에 젖어있는데 음악이 무슨 대순가 싶어 그냥 나왔다.

담당 선생님의 실수를 탓하기 전에 쇼팽의 뜨거운 가슴속에 끓고 있는 축축한 태양을 원망해야 했다.

그리고 대반전이 일어났다.
강당에서 폭소가 터지고 한 노신사의 열변이 이어지고 있었다.
내빈으로 초청받은 어느 퇴직 교장 선생님 축사였다.
먼저 개집에 사는 늙은이라며 자신을 소개했다.
“존경하는 교장 선생님, 퇴직금을 절대로 자식에게 모두 주지 말고 절반만 주시오.
늙은이는 돈 없으면 개보다 못한 거요.”
또 한 번 사람들을 웃기곤 말을 이어갔다.

공무원 연금제도가 아직 정착되지 않은 그때 그분은 퇴직금 전액을 사업하는 아들에게 주고 아들과 함께 살고 있었다.
첨엔 비자금 조금 있는 것으로 손자들에게 과자도 사주고 용돈도 주면서 아침 출근에서 벗어나 자신만의 느긋한 시간을 보냈다.
그러면서 주머니는 비어가고 다시 채워지지 않았다.
손자들도 점점 데면데면하고 저희들끼리 놀고 며느리는 말없이 출근했다.

점심때가 돌아오면 괴로웠다.

늙은 소가 여물을 잘 먹는다는 옛말처럼 배는 왜 그리 빨리 고파오는지…

밥통엔 밥이 없고 냉장고를 열어봐도 먹을 만한 게 없었다.

먼저 간 아내 생각에 눈물이 났다.

하루하루 눈물을 먹고 외로움은 쑥쑥 자라 그의 키를 덮었다.

문득 개의 점심이 궁금했다.

개집을 들여다보니 진수성찬이었다.

불고기에 소세지에 하얀 밥을 백구 녀석이 퍽퍽 먹고 있었다.

사람은 별개의 감정을 갖고 있어서 그대로 포기하지 않는다.

지금은 포기가 아닌 다른 선택을 해야 한다.

동물의 감각으로 알아낼 수 있는 것은 뭔지, 그때부터 일어날 행동의 평가를 외부에 위탁하기로 했다.

하룻밤이 지나도 아버지가 보이지 않자 아들 며느린 여기저기 전화를 하며 찾았다.

그런데 개는 무슨 일이 있는 것인지 자꾸 머리를 떨어뜨리고 슬픈 눈을 하며 제집에 들어가지 않고 배회했다.

다음 날 아침 며느리가 출근하기 전에 백구의 점심을 준비해 개집으로 가져갔다.

그리고 그대로 뒤로 꽈당 넘어졌다.

아버지가 개집에 쪼그리고 누워있었다.

아버지와 아들 간에 개보다 못한 인생을 걸고 줄기찬 협상이 벌어졌다.

그리고 그는 자신이 준 퇴직금 절반을 돌려받고 개집을 나왔다.

다시 손자들이 할아버지에게 돌아왔다.

사람은 나이 들고 늙어갈수록 주위의 달콤한 말에 안정을 찾기 전 좀 더 민감한 자신만의 수신기가 필요하다.

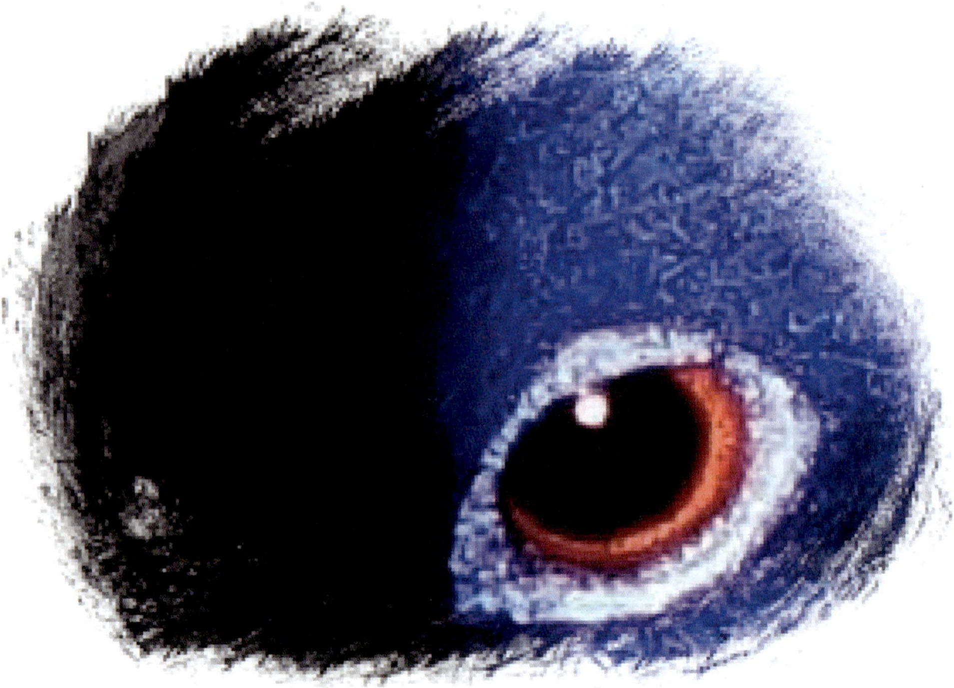

스토리텔링

세계적인 연주가나 지휘자들이 내한할 때 방송국이나 초청단체에서 으레 쓰는 말이 있다. '금세기 최고의 지휘자 또는 금세기 최고의 연주자'라는 말이 빠지지 않는다. 한마디로 우리나라의 클래식 애호가들을 우롱하는 말이다. 금세기라는 말은 100년 만의 최고라는 말인데 도대체 최고가 몇 명인가?

그리고 말 그대로 금세기 최고급은 자주 오지 않는다. 그들의 스케줄 상 그렇게 자주 올 수 없다. 우리나라에 대표적으로 자주 왔던 사람이 호세 카레라스와 폴 포츠다. 호세 카레라스는 1946년생으로 베르디의 콩쿠르에서 우승하고 아그네스 발차와 협연한 비제의 카르멘에서 명성을 얻은 후 활동을 하다 라보엠 공연 도중 백혈병으로 쓰러져 투병 끝에 재기에 성공한, 일종의 스토리텔링의 원조 격이다. 심지어는 라이벌 플라시도 도밍고가 카레라스의 병 치료를 위해 사재로 스페인에 암 센터를 세워 병을 치료해주었다는 눈물겨운 미담이 한때 나돌았지만 그렇지 않다. 카레라스가 병을 치료한 곳은 미국 시애틀에 있는 연방 암 센터였고, 도밍고와 카레라스는 스페인 출신인 것은 맞지만 라이벌도 친한 관계도 아니었다. 도밍고는 본래 바리톤으로 출발했기 때문에 바리톤과 테너는 라이벌이 될 수가 없다. 그리고 도밍고가 테너로 전향한 후에도 도밍고는 드라마틱, 카레라스는 리릭 테너였기에 보상적 라이벌은 될지언정 경쟁적 라이벌 관계는 아니었다.

카레라스는 실력으로도 도밍고의 경쟁적 라이벌이 결코 될 수가 없었다. 도밍고는 당대 최고의 테너들인 카를로스 베르곤찌, 프랑코 코렐리의 드라마틱 레지에로 창법의 법통을 잇는 정통 테너였다. 하지만 카레라스는 전형적인 리릭 테너로, 상대적으로 약한 성량과 느린 바이브레이션으로 인해 풀어지는 듯한 창법의 그가 정상에 오를 수 있는 조건은 부족했다. 굳이 그의 최고의 가창을 말하자면 라미레즈의 미사 크리올라 정도다. 그런 그가 1990년 이태리 로마 올림픽 개막 전야제에서 파바로티, 도밍고와 더불어 세기적인 스토리텔링을 또 한 번 만들어낸다. 그의 가공된 명성에 우리나라 관계자들이 가만있을 리 없었다. 돈이 되기 때문이다. 따라서 그는 한국에 자주 오게 되고 2014년 70이 다 된 그가 세종문화회관에서 결국 큰 실수를 하고 만다. 그때 유료 입장객이 2,200명 정도였으니 여전히 한국인에겐 그의 명성은 살아있었던 것이다.

이와 비슷한 예가 폴 포츠다. 언젠가 우리나라 설문조사에서 역대 넬슨 도르마를 가장 잘 부르는 테너를 선정하는 일이 있었다. 그때 압도적으로 폴 포츠가 1위였고, 파바로티가 2위 한 것을 본 적이 있다. 우리나라에도 폴포츠보다 잘 부르는 테너 가수는 많다. 폴 포츠의 갑작스러운 성공의 장막 뒤에서 피눈물을 흘려야 했던 성악 전공자들을 생각해본다. 이건 아니다. 폴 포츠의 평범한 외모와 휴대폰 판매원이란 전력에 심사자들은 눈물의 찬사로 보상했고, 청중들은 대리만족의 스토리텔링을 만들어갔던 것이다. 폴 포츠는 소리가 빈약하여 소리를 내는데 만 힘을 거의 다 써버린다. 다른 기교는 부릴 힘이 남아있지 않은 것이다. 그가 부르는 푸치니의 오페라 토스카 중 '별은 빛나건만' 아리아를 들어보면 노래가 턱 아래로 흘러내리는 것 같은 답답한 느낌을 받는다.

'작품을 쓰는 일은 낭만적인 것이 아니다. 작가의 인생이 다채롭다 해서 그가 꼭 좋은 작품을 쓰는 것은 아니다.'
미국의 아가사 크리스티라 불리는 미국의 작가 맬 로버츠 라인하르트가 한 말이다. 이 말을 노래하는 가수에게 적용해보면 무슨 의미인지 알 수 있다. 예술은 상대적인 것이 아니고 절대적인 것이다. 예술은 객관적일 때 그 가치가 공유되는 것이다. 그리고 예술을 작가의 삶에 대한 보상으로 보는 시각은 예술의 본질은 왜곡시킨다. 폴 포츠의 경우를 보면서, 대리 성공의 기쁨을 만끽하면서 쓰는 비전문가들의 스토리텔링은 예술에 대하여 나태한 사람들이 하는 비겁한 변명에 불과하다.

베를리오즈와 연인들

베를리오즈의 환상교향곡과 관련 그의 광적인 연애 이야기가 알려져 있다. 베를리오즈에겐 운명적인 3명의 여인이 있었는데 그가 12살 때 만났던 6살 연상의 에스텔 뒤뵈프, 3살 연상의 셰익스피어 여배우 해리엣 스미드슨, 그리고 피아니스트 까미유 모크다. 사랑은 그 자체로서가 아니라 본인 스스로 사랑의 대상에 대한 환상을 만들어놓고 집착하는 것이 대부분인데 베를리오즈는 이상화된 환상 속에서 평생 고통을 받은, 사랑에 있어서의 과민한 천재였다.

처음 친척 집에 갔다가 만난 에스텔 뒤뵈프는 12살의 베를리오즈에게 전기에 충격받은 것 같은 첫사랑의 감정에 빠지게 한다. 그것은 그녀와 함께 놀던 사람들에 대한 질투로 이어졌고, 심지어는 그녀와 함께 춤을 추던 외삼촌에까지 평생 질투의 감정이 떠나지 않았다. 결국 그가 13살 때 뒤뵈프는 다른 사람과 결혼을 하고, 베를리오즈가 33살 때 그녀와 만났던 장소에 갔을 때 왈칵 눈물을 쏟을 만큼 그의 첫사랑은 의식 깊은 곳에 숨어있었다. 후에 62세인 베를리오즈가 그녀를 다시 찾았을 때 남편과 사별한 68세의 에스텔을 보고 그는 여전히 심장이 뛰는 것을 느낀다. 베를리오즈는 여전히 정열의 화신이었던 것이다. 그는 죽을 때까지 그녀에게 편지를 쓰고 그녀의 가족과 이따금 만나기도 했다. 결국 베를리오즈에겐 이루지 못한 사랑은 분노로 남았고 그 분노는 그가 죽기 전에 에스텔을 다시 만남으로써 해소가 된 셈이다.

베를리오즈에게 있어 운명적인 사랑은 두 번째 만난 여배우 해리엣 스미드슨이다. 셰익스피어 극 햄릿의 오필리아 역을 맡은 그녀는 베를리오즈를 사랑의 열병에 빠지게 하지만 유명 여배우는 무명의 음악 청년에게 아무런 관심을 보이지 않는다. 그녀에 대한 사랑은 시인들이 겪는 것처럼 마음의 대격변을 일으키기에 충분했다. 벨를리오즈는 허용되지 않는 사랑에서 벗어나려고 일부러 그녀를 회피하지만 그럴수록 그녀에 대한 정열이 불타오르는 것을 발견할 뿐이었다. 그녀의 환심을 사기 위해 사비로 파리 음악원에서 자작극 연주회를 열기도 하지만 그녀는 여전히 그의 이름조차 모르고 있는데 베를리오즈는 끊임없는 편지 구애를 한다. 그러다가 해리엇은 네덜란드로 순회공연을 떠나면서 베를리오즈의 사랑의 1막은 끝난다.

그때 베를리오즈의 친구 페르디난트 힐러의 애인 까미유 모크를 만나게 된다. 피아니스트이자 19살의 아름다운 아가씨였지만 베를리오즈의 맘속을 차지하고 있던 해리엣 스미드슨은 좀처럼 그로 하여금 모크를 향해 마음의 문을 열게 하지 않는다. 그리고 모크는 벨를리오즈가 자신에게 전혀 관심이 없다는 말을 애인 힐러에게 듣고는 그때부터 베를리오즈에게 적극적으로 대시를 한다. 여자의 심리는 참 묘하다. 결국 미모의 이 젊은 모크의 사랑을 베를리오즈는 받아들이게 되고 두 사람은 열정적인 사랑에 빠지게 된다. 어쩌면 이루지 못한 스미드슨과의 사랑에 대한 보상을 받기 위함이었을지도 모른다. 베를리오즈는 다섯 번의 도전 끝에 1830년 로마 대상을 받고 로마로 유학을 떠나기 전 그는 모크와 약혼을 한다. 로마에 도착한 지 몇 주가 지나고 소식이 없자 불안을 느낀 베를리오즈는 파리로 돌아간다. 돌아가는 도중 약혼녀 모크가 부자인 피아노 제조업자 까미유 플레이엘과 다시 약혼한 것을 알게 된다. 사랑과 정열의 천재, 아니 정열의 화신인 베를리오즈는 모크와 상대 남자를 죽일 결심을 하고 그녀를 찾아가지만 결국 마음이 흔들리고 이성을 되찾은 그는 자신의 이야기를 모노드라마 '삶의 귀환(렐리오)'이란 2부작으로 쓰게 된다.

그리고 1932년 베를리오즈의 운명적인 사랑은 이루어질 기미를 보이게 되는데, 당시 베를리오즈는 '환상교향곡'을 포함한 몇 편의 작품들을 파리 음악원에서 선보이고 명성을 얻어가며 스미드슨과의 고뇌의 사랑의 기억과 결별을 준비하고 있었던 것이다. 운명적으로, 정말 운명은 늘 그러하듯 예전보다 인기가 많이 떨어진 스미드슨과 다시 만나게 된다. 베를리오즈의 환상교향곡 연주회를 관람한 스미드슨은 극의 여주인공이 자신임을 알고는 감격한다. 그러나 베를리오즈의 구애를 선뜻 받아들이지는 않았다. 그러다가 스미드슨이 극장 일이 잘못되어 빚을 많이 지게 되고 다리를 다치는 마차 사고까지 당하게 되자 베를리오즈가 그녀의 빚을 갚아주며 계속 구애를 하지만 두 사람의 사랑은 이루어지지 않는다. 여기서 멈출 수는 없었던 정열의 천재인 베를리오즈는 마침내 그녀에게 자살 소동을 벌이며 시위를 한다. 다량의 아편을 마시고 생사를 헤매다 사흘 만에 일어난 것이다. 그래도 스미드슨이 그의 사랑을 받아들이지 않자 베를리오즈는 독일로 떠날 결심을 하고 스미드슨은 결국 그의 사랑을 받아들인다.

이렇게 33세의 스미드슨과 결혼에 성공한 30세의 베를리오즈는 그의 환상 속의 사랑 햄릿(베를리오즈)과 오필리아(스미드슨)의

극 중이 아닌 현실 속의 사랑을 완성한다. 그러나 환상과 현실은 달랐다. 환상이 현실로 이루어지자 환상 속의 격정은 점점 열기가 식어갔다. 두 사람 사이의 언어장벽은 서로의 소통을 방해했고 결정적인 요인은 두 사람의 인기의 불균형이었다. 베를리오즈의 인기는 승승장구한 반면 스미드슨은 나이가 들어가면서 점점 잊혀갔다. 사람들로부터의 외면은 베를리오즈에 대한 스미드슨의 집착으로 이어졌고 둘은 결국 이혼을 하게 된다.

베를리오즈의 현실적인 사랑은 끝이 났지만 그의 환상 속 사랑은 여전해서 그는 이혼 후에도 스미드슨을 돌봐준다. 스미드슨은 이혼 후 몇 년 동안 마비 증세로 고생하다 1854년 세상을 뜬다. 그 후 베를리오즈는 가수 마리 레시오와 재혼을 하지만 그녀 역시 8년 뒤 세상을 떠나고, 베를리오즈는 첫 부인 스미드슨보다 15년을 더 살다가 세상을 뜬다.

베를리오즈의 환상교향곡을 들으면 영혼을 아름답게 타락시킨다. 그러나 그것은 너무나도 익숙한, 익숙해야 할 멜랑콜리다.